J. A. Lorent

Denkmäler des Mittelalters in dem Königreich Württemberg

Photographisch mit erläuterndem Text

J. A. Lorent

Denkmäler des Mittelalters in dem Königreich Württemberg
Photographisch mit erläuterndem Text

ISBN/EAN: 9783743387119

Hergestellt in Europa, USA, Kanada, Australien, Japan

Cover: Foto ©Thomas Meinert / pixelio.de

Manufactured and distributed by brebook publishing software (www.brebook.com)

J. A. Lorent

Denkmäler des Mittelalters in dem Königreich Württemberg

Denkmale des Mittelalters

in

dem Königreiche Württemberg.

Photographisch mit erläuterndem Texte dargestellt

von

Dr. A. Lorent,

Ritter des Großherzogl. Bad. Zähringer Löwen-Ordens mit Eichenlaub
und des Königl. Württemb. Friedrichs-Ordens.

Die Johannis-Kirche und die Kirche des hl. Kreuzes
in Schwäbisch-Gmünd.

Mannheim.

Buchhandlung von J. Bensheimer.

1869.

Seiner Majestät

dem

Könige Karl

von Württemberg

in tiefster Ehrfurcht gewidmet

von dem Verfasser.

Die Johannis-Kirche
und
die Kirche des hl. Kreuzes
in
Schwäbisch-Gmünd.

Durch den besonderen Abdruck dieses Fragmentes aus einem größeren Werke über Württembergs mittelalterliche Baudenkmale wird vielleicht den zahlreichen Touristen, welche Schwäbisch-Gmünd, eine Stadt mit ungefähr 9000 Einwohnern, die im Verhältniß zu ihrer Größe sehr reich an Erinnerungen an die Vorzeit ist, ein Dienst erwiesen sein, weil gegenwärtig kein Werk im Buchhandel existirt, welches gedrängt und doch einigermaßen ausführlich eine Uebersicht des Sehenswerthen der ehemaligen Reichsstadt enthält. Diese Zeilen, welche vorzugsweise die Hauptmerkwürdigkeiten Gmünds, die Johannis- und die Hl. Kreuzkirche betreffen, sind das Ergebniß dessen, was ich dort sehen und beobachten konnte, sowie der zahlreichen gefälligen Mittheilungen von Herrn Fabrikanten Jul. Erhard, welcher vorzugsweise die Archäologie seiner Vaterstadt zum besonderen

Studium gemacht hat, und dessen Haus der Sammelpunkt aller wissenschaftlichen Touristen ist. Zu größtem Danke bin ich ebenfalls Herrn Kaplan Pfitzer verbunden, durch dessen Einfluß die letzte Restauration der Hl. Kreuzkirche zu Stande kam, wobei dieser verdienstvolle Geistliche manchem Vorurtheile des Volkes muthig entgegentreten mußte, bis er es überwand. Mit der größten Bereitwilligkeit erklärte mir Herr Kaplan Pfitzer die Standbilder der Hl. Kreuzkirche und ihrer zahlreichen Altar-Aufsätze, welche größtentheils unter seiner künstlerischen Leitung in letzter Zeit entstanden sind. Die historischen Quellen der beiden erwähnten Gotteshäuser fließen spärlich, indem die meisten in schwer zugänglichen Manuscripten enthalten sind; manche auch mögen in den Bibliotheken Augsburgs, zu dessen Diöcese Gmünd gehörte, verborgen sein. Das Geschichtliche derselben muß ich daher jenen überlassen, deren Verhältnisse zu ähnlicher Arbeit günstiger gestaltet sind, und mich auf das beschränken, was die Gegenwart bietet, und was auch den weithin größten Theil der Besucher mehr als die Vergangenheit interessiren wird. So übergebe ich diesen kleinen Führer dem wissenschaftlichen Reisenden mit dem Wunsche, daß sie ihn nicht unbefriedigt aus den Händen legen mögen. Der Erwähnung der historischen Schicksale der Stadt im Ganzen glaube ich überhoben zu sein, weil Gmünds Geschichte oft Gegenstand literarischer Arbeiten war. Als solche sind hauptsächlich zu erwähnen: J. A. Rinck, Geschichte und Beschreibung der Reichsstadt Schwäbisch-Gmünd, 1802; C. F. von Stälin, Wirtembergische Geschichte, 1841—56; M. Grimm, Geschichte der ehemaligen Reichsstadt Gmünd von Anbeginn bis auf den heutigen Tag, 1866.

Wenn es sich nicht absprechen läßt, daß durch die bedeutenden Erfindungen unseres Jahrhunderts und die gewaltigen Vermittler des Verkehrs das menschliche Leben in materieller Beziehung sehr gewonnen hat, so muß man doch zugeben, daß mit dem durch dieselben Ursachen bewirkten Verschwinden jedes Sonderlebens eine Gleichförmigkeit sich über die Erde auszubreiten angefangen hat, welche mit ihrer monotonen Farbe das Charakteristische sowohl des Einzeln- als des Gesammtlebens überzieht.

Daß das Praktische und Nützliche aber nicht immer zugleich das Schönste ist, zeigt sich häufig, wenn wir die Blicke der Vergangenheit zuwenden und dort manche wunderbare Schöpfung, welche der Gegenwart nicht mehr entsproßt, finden. Spätblüthen des glühenden Sommers der Romantik gleich, sind noch hie und da Reste, besonders architectonische, übrig geblieben, welche eigenthümlich mit den Erzeugnissen einer Nachwelt contrastiren, deren Gelehrsamkeit und kluge Berechnung das Dasein erleuchten, aber nicht erwärmen. Bei diesen Werken eines schwungvollen Spiritualismus weilt jeder

1*

Freund der Geschichte gern, und mit Vorliebe sucht er die Stätten auf, wo dieselben noch zu finden sind. Zu diesen für historische Träumereien geeigneten Orten gehört Gmünd, dessen Namen Rinck[1]) von Mündung herleitet, entweder weil sich hier das Remsthal immer weiter öffnet, oder weil sich etliche Bäche in die Rems ergießen. Nach anderer Auslegung bedeutet Gmünd "gaudium mundi", Freude der Welt. Als frühere Benennungen des Ortes führt Crusius[2]) Thiergarten und Kaisers-Gereut (von den Hohenstaufen ausgerodeter Wald) an.

Urkundlich kommt der Name Gmünd zum ersten Male im Jahre 1162 in einer Schenkung an das Kloster Lorch vor, bei welcher Bürger der Stadt Zeugen sind (hii omnes erant Gimundin cives)[3]). Wenn man dem Rhenanus[4]) glauben darf, war hier eine Niederlassung schon zur Zeit Karl's des Großen, welcher dem Abte Volrad von St. Denys ein Diplom zur Besitznahme mehrerer kleiner Klöster im Herzogthum Alemanien, worunter Gamundia, ausgestellt hat. Aus dieser Zeit stammte nach der Tradition das einst

---

1) J. A. Rinck Gesch. u. Beschr. der Reichstadt Schw. Gmünd 1802, S. 10.
2) M. Crusius Schwäb. Chronic 1595, Thl. 2, Buch 9, Cap. 4.
3) Württembergisches Urkundenbuch II. S. 140.
4) Rhenan. rer. Germ. p. 208.

neben der Johanniskirche gelegene, im Jahre 1803 abgetragene Veitskirchlein. Mit dem ersten Vordringen des Christenthums in diese Gegend mögen hier immerhin Eremiten sich bald angesiedelt und die zahlreichen Höhlen am Bergesabhange, wo noch heute die Salvatorkirche in den Felsen sich vertieft, bewohnt haben. Die jetzige Generation erinnert sich der letzten Troglodyten, die jedoch dem Laienstande angehörten und durch Armuth zum Ascetenleben gezwungen waren; Einschränkungen, die unfreiwillige Regel bei diesen Höhlenbewohnern, veranlaßten nicht selten Ausschreitungen, weßhalb in neuerer Zeit für gut befunden wurde, theils die Eingänge der Höhlen zur besseren Aufsicht des unterirdischen Lebens zu erweitern, theils die Felsenwohnungen in Keller umzuwandeln.

Wenn die ehemalige Reichsstadt Schwäbisch-Gmünd auch nicht mehr, wie z. B. Nürnberg, im vollen Schmucke der Vorzeit prangt, so hat dieser Ort dennoch stellenweise das Ansehen einer wohlbefestigten Stadt des Mittelalters beibehalten, besonders die nordöstliche Seite, auf welcher die alte Stadtmauer mit ihren Schießscharten noch steht und mehrere Thürme stolz emporragen; so der früher als Gefängniß benützte hohe Königsthurm, der Rinderbacher-Thurm mit dem Wappen des Reiches und der Stadt, der Wasserthurm, durch dessen Untertheil der die Stadt durchfließende Thierbach strömt, der Schmiedthurm mit seinem romanischen

Bogenfriese und mit der über einem seiner Fenster angebrachten Jahreszahl 1497, zu welcher Zeit[1]) die Stadtmauern erweitert wurden. Hierauf kommt der von einer nebenanliegenden Wirthschaft benannte Hahnenthurm, wo die Laufgänge innerhalb der Ringmauer sich eine Strecke weit erhalten haben; diese beliebten Spaziergänge der Vorzeit wurden seit dem Jahre 1811 nicht mehr unterhalten, verfielen allmählich und mußten, um Unglück zu verhüten, bald darauf entfernt werden[2]). Im ferneren Verlaufe kommen noch einige kleinere Thürme ohne Namen, aber bald hört gegen Westen zu die Stadtmauer auf. Dort ist sie abgetragen worden, und nur der höchst pittoreske fünfeckige oder sogenannte fünfknöpfige Thurm verschont geblieben. Auf der Stelle, wo der älteren Ringmauer entlang der vor Alters berühmte Turniergraben lag, breitet sich gegenwärtig eine neue Vorstadt aus. In den letzten Decennien hat die Neuerungssucht gewaltig unter Gmünd's alten Gebäuden aufgeräumt; mehrere sind der Zerstörung bisher glücklich entgangen, doch ist auch über ihre Fortexistenz der Stab bereits gebrochen, und sie werden nicht mehr lange historische Zierden der Stadt bilden.

---

1) Nach M. Grimm Geschichte der ehemaligen Reichsstadt Gmünd 1866, S. 373.
2) Ibidem.

Unter den antiken steinernen Gebäuden ist vor allen die sogenannte Schmalzgrube neben dem Franziskaner-Kloster zu erwähnen. Das erste Gelaß des Hauses besteht aus gewölbten Räumen, das zweite aus einer Stube von der Ausdehnung des ganzen Baues, deren flache Balkendecke in der Mitte auf einer Reihe von hölzernen Säulen ruht, welche der Renaissance-Periode angehören und die sogenannte Balusterform haben, wobei jede von der andern verschieden ist.

Dieses zweite Gelaß ist in der Zeitenfolge mit Wänden durchzogen worden nnd hat verschiedene Bestimmungen erhalten; gegenwärtig ist die eine Hälfte zu einem Theater, die andere, durch einen Gang getrennte, zu einer Watt-Fabrik verwendet. Das Aeußere des Hauses ist auf der Westseite durch Vergrößerung der Fenster, so wie durch eine im Jahre 1864 erbaute gedeckte und zum Theatersaale hinaufführenden Treppe umgeändert; die Südseite hingegen bietet noch den alterthümlichen Charakter mit ihren Fenstern, in deren Theilung Steinpfosten stehen; über dem dortigen Eingange, innerhalb dessen unmittelbar eine Treppe in das zweite Gelaß führt, stehen auf einem Spruchbande die Worte: „Des hl. Römischen Reichs Stat Schwäbisch Gmünd." Reliefs darunter stellen dar: in der Mitte einen Engel im Geschmacke der Zopfzeit, einem geflügelten Mönche in seiner Kutte ähnlich; er hält zwei Schilder, einen mit dem zweiköpfigen Reichsadler, den anderen mit dem Einhorn, dem Embleme von Gmünd; daneben stützen Löwen zwei Warpenschilder, und zwar rechts den mit den drei hohenstaufischen Löwen, links jenen mit dem alten, dem enthöpsigen Reichsadler. Unterhalb ist folgende Inschrift eingegraben, welche, obgleich sie leicht leserlich, bisher von den Schriftstellern falsch angegeben wurde: „Auf den Ascher-Mittwoch zwischen 3 und 4 Uhr vor Mittag ward dise irrige Behausung durch einen unordentlichen Haushalter verwahrlost ist hernacher Anno 91 durch die ernsthaften fürsichtigen ersamen und weisen Herrn erbaut Bürgermeister Stetmeister, Jacob Spindler, Jacob Schlaith, Anthon Stolz, Hieronimus Kellin, Heinrich Holzner, Augustin Dapp, Walter Waag, Hans Dobler, Hans Bletzer, Adam Schönlen, Heinrich Dapp, Linam Bath, Melchior Mayr, Wilhelm Stahl, Veit Kraft, John Meinang, Lienet Megelin, Samuel Maierhe, Balthas. Dobler, Michael Ham, Bernhard Epfelin, Lorenz Bantter, Bürgermeister Herrn haben iren Rath hiezue geben, Gott der Allmächtige verleihe inen allen langes Leben, glückseelige Regierung und die ewige Seligkeit Amen."

Diese Inschrift hat auf einen Brand Bezug, der 1589 das Gebäude, welches hier stand zerstörte; der damalige Stadtvisir schlief Nachts nach eingenommenem Fastnachtsessen an dem Tisch, auf welchem ein brennendes Licht stand, ein. Das Feuer griff so schnell um sich, daß der Mann sich mit Weib und Kind kaum mehr retten konnte. Die ganze Stadt stand bei diesem Brande in Gefahr, weil das Gebäude fast ganz von Holz war und auf dem Boden desselben sehr viel Frucht lag, welche sich glühend in der ganzen Stadt ausbreitete und großen Schrecken verursachte [1]).

Nachdem 1589 der frühere sogenannte Visirhof, in welchem der Stadtvisirer (Umgelder) seine Wohnung hatte, abgebrannt war, wurde an dessen Stelle das jetzige massive Gebäude errichtet, welches den Namen Schmalzgrube erhielt und heute noch trägt, da man in ihm ehedem Schmalz verkaufte. Der Schriftschild des Gebäudes trägt die Namen der zur Zeit des Baues im Amte gestandenen Bürgermeister und Rathsglieder. Kein anderes Gebäude der Stadt hat wohl schon so vielen verschiedenen Zwecken gedient, wie dieses. Hauptsächlich ist anzuführen, daß besonders seine untern Gewölbe ursprünglich zur Aufbewahrung von Fett und sonst feuergefährlichen Gegenständen bestimmt waren. Auch scheint der Fetthandel im Mittelalter, wie das Gleiche von dem Weinhandel bekannt ist, in Gmünd einen Stapelplatz und eine große Ausdehnung gehabt zu haben, da es für mehrere Reichsstädte der, Württemberg zunächst liegende, Austauschplatz war, und so

---

1) Gmünder Intelligenzblatt 1834, Nr. 94.

mag das Schmalzgrubengebäude mit seinem durch eine Mauer abgeschlossenen Hof (welcher gegenwärtig nicht mehr existirt) für diesen Handel eine sehr passend Oertlichkeit gewesen sein, während für den Weinhandel die jetzige untere Hofstat mit deren Kellern der Marktplatz war. Bis zum ersten Viertel des 18. Jahrhunderts wurde in der oberen Halle der Schmalzgrube der Schwörtag gehalten; ferner pflegten die Franziskaner-Patres daselbst alljährlich zwei Schauspiele, das sogenannte ludium aufzuführen. Nachdem der Diebsthurm (bei der Rosenwirthschaft) abgebrochen war, wurden die Gefängnisse von da und vom Königsthurm in die Gewölbe der Schmalzgrube verlegt. In den Jahren 1792 bis 1799 war außer anderen städtischen Gebäuden vorzüglich auch die Schmalzgrube von Oesterreichischem Militair besetzt, es war von diesem dort eine Büchsenschäfterei errichtet, während in den unteren Räumen der Fuggerei[1]) die Waffenschmiede waren. Nach dieser Zeit wurde die lateinische Schule in das zweite Gelaß der Schmalzgrube verlegt, später diente dasselbe, wie heute noch, hauptsächlich als städtischer Theatersaal,

---

1) Es wohnte nämlich in den Jahren 1600 ein Zweig der Fugger'schen Adelsfamilie hier und scheint mit Erzeugnissen des Schwäbisch-Gmünder Gewerbfleißes Handel getrieben zu haben. Das Gebäude, welches sie damals bewohnten, dient jetzt als Oberamtsgerichts-Gefängniß und heißt heute noch Fuggerei.

während die untern vordern Räume im Sommer von der Artillerie als Pferdeställe verwendet werden. Eine Unterbrechung in der Benützung des oberen Saales als Theater machten die Jahre 1847 bis 1849, während deren hier von Seiten der Stadt eine Gewehrfabrik errichtet wurde, um die vielen broblosen Arbeiter zu beschäftigen[1]).

Aeußerlich ganz modernisirt, während sie im Innern noch viel von der alten Bauart aufweisen, sind hier noch manche Gebäude, wie z. B. das sogenannte alte Waldhorn, gegenüber dem Gasthofe zu den drei Mohren, (welch' letzteres ursprünglich den von Killingen, später den Deutschherren, deren Wappen noch über dem Thore zu sehen ist, gehörte und durch die Weitläufigkeit seiner Keller, die sich unter die benachbarten Häuser erstrecken, berühmt war). Das alte Waldhorn wird von der Tradition als das erste Wohnhaus von Gmünd bezeichnet, so wie als ein ehemaliges Jagdschloß der Hohenstaufen. Die Mauern haben 5' im Durchmesser und waren bis ungefähr 1818 von wenigen kleinen Fenstern durchbrochen; die Stuben des Erdgeschosses sind größtentheils mit Kreuzgewölben überspannt, und wo eine flache Holzdecke sich befindet, ruht diese auf Steinconsolen, welche aus der Wand vortreten.

---

[1] Den historischen Aufzeichnungen des Herrn Jul. Erhard entnommen.

Die ursprünglichen Thüren sind schmal und im Rundbogen geschlossen. Vor der Modernisirung, bei welcher die ganze Mauer der Façade unter andern abgetragen wurde, führte ein Treppenthurm von dem Hofe aus in die oberen Gelasse. Andere alte Gebäude, wie die Fuggerei und die verschiedenen Klöster, sind besonders in der Renaissancezeit umgebaut worden.

Von hohem Interesse sind ferner in Gmünd einige Holzbauten aus früheren Jahrhunderten, welche sich durch ihre imposante Höhe und durch die Erhaltung des aus Eichen bestehenden Holzwerkes auszeichnen. Erwähnenswerth sind unter diesen besonders das Kornhaus mit der Jahreszahl 1509; die Aaren-Scheuer, an deren Balken vorstehende Zapfen befestigende Nägel andeuten.

In der Nähe ist das Spital zum hl. Geist mit der Jahreszahl 1494, welches auf allen Seiten ein pittoreskes Bild darbietet, sei es, daß die südliche Façade oder die nördliche mit ihrer Freitreppe sich dem Beschauer zeigte. Die von der Ringmauer des Spitales eingeschlossene, seit 1813 in Privatbesitz übergegangene Spitalmühle mit kunstreich geschnitztem Gebälke wird der Freund des Malerischen auch nicht unbefriedigt verlassen. Die höchsten architectonischen Glanzpunkte Gmünds bilden aber die Johanniskirche und die Kirche zum hl. Kreuze, erstere aus der Zeit, in welcher Gmünd zur Stadt erhoben wurde, die zweite aus den Tagen, in welchen das Bündniß der mächtigen Reichsstadt von Städten und Fürsten gesucht war.

Ueber die Gründung der Johanniskirche, mit welcher wir uns zuerst beschäftigen wollen, fehlen alle historischen Notizen; nur eine Legende, welche die Klosterbibliothek von Lorch aufbewahrte, sucht das, was die Geschichte nicht aufhellen kann, zu erklären. Nach dieser[1]) war der ganze Raum wo jetzt Gmünd steht von Wald bedeckt, in welchem die Wohnung eines Jägers Eckhard allein stand. Der Alte war früher ein tapferer Krieger gewesen und hatte einen tüchtig im Waffenhandwerk unterrichteten Sohn, welcher im Dienste Friedrichs I., Herzogs von Schwaben, sich bei mancher Gelegenheit hervorgethan hatte. Die Tochter des Kanzlers sah oft den schönen Jüngling und erwiberte die Liebe, welche sie bei ihm entzündet hatte; doch ihr Vater wollte nichts von einer Verbindung mit dem jungen Manne der so ganz ohne Vermögen war, wissen. Da wurde eine große Jagd veranstaltet; während derselben verlor Herzogin Agnes, Tochter Kaiser Heinrich IV. ihren Ehering, was damals für das Vorzeichen eines Unglücks gehalten wurde und die fröhlich begonnene Jagd schnelle beendete. Am folgenden Tage gewahrte Ekkarb's Sohn auf dem Wege zu seinem Vater

---

1) S. Ottmar F. H. Schönhuth, die Burgen, Klöster u. s. w. Württembergs.

im Walde einen prachtvollen Hirsch, den er verfolgte und erlegte, an der Spitze des Geweihes stak der verlorene Ring, welchen der Schütze eilends nach der Burg Hohenstaufen brachte und der durch den Fund hocherfreuten Herzogin übergab; letztere wünschte aus Erkenntlichkeit dem jungen Manne eine Gnade zu gewähren, in Folge dessen, wie man sich denken kann, die Tochter des Kanzlers ohne Schwierigkeit seine Gattin wurde. An der Stelle aber, wo der Hirsch erlegt ward, ließ Herzog Friedrich I. die noch stehende Johanniskirche erbauen und an ihrem Thurme zur Erinnerung an die eben erzählte Begebenheit eine Jagd darstellen. Bald wallfahrtete eine große Anzahl Pilger nach dem Gotteshause; allmählig bildete sich eine Ansiedelung daneben, welcher Friedrich den Namen Gaudium mundi (auf das frohe Wiederfinden des Ringes anspielend) und als Wappen ein weißes Einhorn im rothen Felde verlieh. So weit die Sage.

Als im Jahre 1110 Gmünd von Schwabens Herzog Friedrich II. mit einer Mauer umgeben und dadurch zur Stadt erhoben wurde[1], bestand die Johanniskirche schon lange; denn sie wurde viel früher von den Chorherrn der Collegiatkirche von Lorch versehen[2]; später aber, nach Erbauung des Klosters

---

1) M. Crusius Schwäb. Chronik Thl. II. Buch 9, Cap. 4.
2) D. F. Cleß kirchlich-politische Geschichte von Württemberg 1808 III. S. 38.

Lorch im Jahre 1102, ward sie von Herzog Friedrich I., dieser seiner Stiftung einverleibt[1]), so daß die dortigen Benediktiner die Pflicht übernahmen, den Gottesdienst der Stadt zu besorgen. Von den Lorcher Mönchen wurde im J. 1297 die Johanniskirche nebst Anderem dem Domkapitel zu Augsburg überlassen[2]). Der Vorstand der Pfarrei dieses Gotteshauses wurde nun Propst genannt. Er hatte mehrere Gehilfen, und die Johanniskirche blieb Stadtpfarrkirche bis zum J. 1406, in welchem die neuerbaute Kirche zum hl. Kreuz diesen Rang erhielt[3]). Während der Kriegsjahre wurde 1796 die Johanniskirche in ein Magazin umgewandelt und nach Wiederherstellung des Friedens dem Gottesdienste zurückgegeben; gegenwärtig dient sie während der Wochentage in der Frühe dem Kindergottesdienste.

Die Skulpturen am Aeußeren der Johanniskirche weisen bei dem ersten Anblick auf ein sehr hohes Alter zurück, ohne jedoch die Erbauungszeit genau bestimmen zu lassen, indem die Ornamentation mit phantastischen Steingebilden, welche diesem Gotteshause das Eigenthümliche verleiht, schon im zehnten Jahrhundert allgemein war und sich bis in das dreizehnte Jahrhundert ausdehnte. Dombekan von Jaumann[4]) läßt die Jo-

---

1) J. A. Rink a. a. O. S. 16.
2) M. Crusius a. a. O.
3) M. Grimm a. a. O. S. 342.
4) Württemb. Jahrbücher für Gesch., Geogr. u. s. w. 1838, Heft I. S. 49.

hanniskirche in der ersten Hälfte des zwölften Jahrhunderts entstehen, Professor Lübke[1]) hingegen im Anfange des dreizehnten, was auch wahrscheinlich ist, da die architektonische Dekoration nicht der Frühzeit, sondern eher der Schlußperiode des Romanismus angehört.

Diese dem Evangelisten Johannes geweihte, dreischiffige Pfeilerbasilika erhebt sich mitten in der Stadt an einem freien Platze, dem ehemaligen Kirchhofe, welchem ihre Schauseite, die Westfaçade zugewendet ist und gegenüber dem 1803 in eine Kaserne umgewandelten Dominikanerkloster. In gothischer Zeit sind tief eingreifende Veränderungen mit dem Gotteshause vorgenommen worden; so wurden an der Westfronte im Mittelschiffe ein sehr großes, in den beiden Seitenschiffen kleinere Spitzbogenfenster eingebrochen und zugleich hat man die Seitenschiffe bis zur Dachhöhe des Hauptschiffes emporgeführt. Trotzdem wurde, wahrscheinlich der Legende von der Jagd zulieb, der romanische Bilderschmuck so gut als möglich erhalten und die Giebelzierde zugleich mit den Dächern der Seitenschiffe erhöht, wodurch aber der Zusammenhang der Dekorationen theilweise verloren ging. Der untere Abschluß des Giebelfeldes im Mittelschiffe bildet ein leichter Mauervorsprung mit Skulpturverzierung. Dasselbe

---

[1]) Dr. W. Lübke Geschichte der Plastik 1863, S. 304.

war bei den beiden seitlichen Giebeldreiecken der Fall, und die eben erwähnte Dekoration zog sich in ununterbrochenen Linien über die ganze Westfaçade hin. Jetzt ist sie nur am Mittelschiffe an ihrer ursprünglichen Stelle geblieben, und zwar von einem gothischen Fenster unterbrochen. Wenn man nun die Johanniskirche in ihren einzelnen Theilen betrachtet, so drängen sich die Umänderungen des Spitzbogen=Stiles leicht in den Vordergrund; aber bei dem allgemeinen Ueberblicke verliert man dennoch nicht den Faden der älteren Bauweise, und mit Leichtigkeit malt sich die Phantasie das rein romanische Gotteshaus, welchem auch hier seine häufigen Unregelmäßigkeiten nicht fehlen. Unter diese gehört das Vorhandensein eines westlichen Portales im südlichen Seitenschiffe, welches dem nördlichen fehlt; zugleich ist ersteres breiter als letzteres; das Hauptportal des Mittelschiffes ist bedeutend aus der Achse gerückt. Professor Mauch[1]) sieht die Ursache hievon in einer gewesenen oder beabsichtigten Empore im Innern, deren Stütze in der Mitte zwischen dem ersten Pfeilerpaare war und dem Eintretenden im Wege stand, wenn das Portal nicht auf die Seite gerückt worden wäre, und zwar nördlich, weil es sonst dem des südlichen Seitenschiffes zu nahe gestanden hätte.

1) J. M. Mauch Abhandl. über die mittelalterl. Baudenkmale in Württemberg. S. 12 in dem Programm der polytechnischen Schule in Stuttgart für 1849.

An dem Giebel des Mittelschiffes zieht sich unter dem mit Rosetten geschmückten Traufgesimse ein aufsteigender romanischer Fries hin, dessen Bögen, wie allenthalben an dieser Kirche, ausgekehlt sind und hier auf Konsolen ruhen, welche theils hängende Palmetten, theils Löwengestalten oder menschliche, von Arabesken umgebene Köpfe darstellen. In den einzelnen Bogenfeldern sind wagrecht eingespannte Leisten, über welchen Vögel, phantastische Thiergebilde, Vierfüßler mit Drachenschwänzen u. s. w. In den beiden untern Bögen des Frieses sieht man Bären, in dem obersten, von einem ovalen Baldachine überdeckt, Johannes den Evangelisten, den Schutzpatron dieser Kirche, in der Stellung, in welcher er an der Außenseite des Gotteshauses noch zweimal und in früherer Zeit auch sonst häufig vorkommt, das seitwärts geneigte Gesicht zum Zeichen der Trauer in die rechte Hand geschmiegt. Unter dem Giebelfelde zieht sich ein horizontales, mit Steinplatten dachförmig gedecktes Gesims hin, dessen Ornament aus einem deutschen Bande, worunter ein Rundbogenfries, besteht: die Bögen des letzteren ruhen nicht auf Konsolen, sind jedoch durch einen Laubfries verbunden, dessen aufrechte Blätter, mit Thiergebilden abwechselnd, die Bogenfelder ausfüllen.

Das Gesimsband in der halben Höhe des Mittelschiffes, welches einstens, wie gesagt, mit denen der Seitenschiffe zusammenhing und deren frühere Höhe an=

zeigt, ist diesen ähnlich, aber viel breiter und ohne deutsches Band, im Uebrigen mit demselben Laubfriese und denselben Bogenfüllungen versehen. Auf der Mittelschiffwand sind einige originelle Reliefs: in südlicher Richtung ein geschwänzter Teufel, der einem Manne die Nase aus dem Gesichte reißt; die Kopfbedeckung des letzteren besteht aus einer spitzen Mütze, wie sie, mindestens seit dem zwölften Jahrhundert, das Abzeichen der Juden war[1]).

Die Tradition erzählt, es sei dieser Mißhandelte der Baumeister der Kirche, an dem der Teufel die Operation vorgenommen, weil er das Gebäude nicht in der versprochenen Zeit hergestellt habe. Nach einer andern, in einer alten Chronik enthaltenen Erklärung hätte die Herzogin Agnes den Baumeister gefragt, ob er wohl Steine genug zum Baue habe; es müßten lauter trockene Steine dazu genommen werden. Darauf soll der Meister gesagt haben, der Teufel solle ihm die Nase wegreißen, wenn nur ein Stein fehle. Als das Jahr darauf der Bau fertig war, fehlte der Schlußstein am Westgiebel, wo heute noch ein ganz anderer Stein zu sehen ist. Während des Baues fiel der Meister herab und beschädigte die Nase. Daher kommt die Sage, daß ihm der Teufel die Nase abgerissen. Ein Geselle hat dem Meister zum Spott, den Teufel und

---

[1] H. Otte kirchliche Kunst-Archäologie 1868 S. 864.

den Meister dahin gehauen, zur Warnung, daß man solche Betheuerungen nicht gebrauchen soll, wenn man sich vor Unglück bewahren wolle[1]). Unter dem mittleren Gesimse sieht man einen Horn=blasenden Jäger, vor diesem einen laufenden Hund und jenseits des Portals einen fliehenden Hirsch. Tiefer unten sind zwei Seepferde einander gegenüber skulptirt.

Das westliche Hauptportal ist, wie sämmtliche Eingänge der Kirche, von dem aufsteigenden Sockel umrahmt und im Rundbogen geschlossen; es erweitert sich in drei Abstufungen nach außen. In den dadurch gebildeten Mauerwinkeln stehen Säulen, welchen die Basis fehlt und deren nicht stark ausladende Kapitäle kelchförmig mit anliegendem diamantirtem Blattwerk nebst Knospen oder mit Palmetten, letztere mit und ohne Ranken verziert sind. Neben diesen Kapitälen sind an beiden Seiten auf der Umrahmung des Portals abenteuerliche Figuren, nämlich ein Pfeilschütz mit Löwenfüßen und Drachenschwanz, südlich ein Centaur mit Schild und Schwert, und über dem gemeinschaftlichen Abakus sitzt rechts und links je ein fabelhaftes Thier. Jenseits der Deckplatten setzen sich die Säulen als Archivolte um das Tympanon fort, dessen Skulpturschmuck ganz in dem antikisirenden Stil der romanischen Bildnerei gehalten ist. In der Mitte ist

---

1) M. Grimm a. a. S. 340.

Christus am Kreuze mit dreispitziger Krone, rechts Maria, links Johannes mit dem Evangelienbuche in der Linken, die Rechte am Gesichte. Neben Johannes bemerkt man einen Baum mit herzförmigen Blättern, wahrscheinlich die conventionelle Form eines Oelbaumes, auf dessen Gipfel ein Vogel sitzt. Neben Maria steht ein zweiter Baum mit reblaubförmigen Blättern; darauf sitzt ebenfalls ein Vogel, welcher ein herzförmiges Blatt mit dem Schnabel herabreicht. Symbolisch mag durch den Weinstock das Blut Christi angedeutet sein, sowie durch den Vogel mit dem Blatt, die Taube mit dem Oelzweige als dem Zeichen der Versöhnung.

Was die Westfaçade der Seitenschiffe anbelangt, so sind die hinaufgerückten Steinornamente längs der Dachschräge weniger gut erhalten. Die Rundbogenfriese haben bei der Versetzung ihre Consolen verloren. Besser hingegen sind die Decorationen des unteren Giebelabschlusses erhalten. Eine von dem Mittelschiffe an schräg herabsteigende Spalte in der Mauer läßt die ehemalige Dachhöhe der Nebenschiffe erkennen. An beiden Seitenschiffen öffnen sich Spitzbogenfenster, die jedoch am südlichen Schiffe, des dort befindlichen Portals wegen, minder tief herabgehen. Letzteres ist gegenwärtig zugemauert, und man sieht nur noch die zwei äußersten Abstufungen desselben mit Säulen, welche im Allgemeinen denen des Haupteinganges gleich sind und über ihrer Deckplatte als mit Quadrupeden und Vögeln verzierte Archivolte sich in der Rundung des Thürschlusses fortsetzen. Die Sculpturen des Tympanons sind sehr verstümmelt; nichts desto weniger erkennt man zwei sitzende Gestalten mit langen Gewändern. Die eine, Petrus mit dem Schlüssel, hat den alten, den einköpfigen rechts sehenden Reichsadler neben sich. Neben der zweiten Figur, einem Mann mit einem Bischofsstabe in der Hand, ist eine offene Scheere, welche auch an der Kirche von Welzheim vorkommt und in der Oberamtsbeschreibung für das Emblem der Familie von Leineck gehalten wird. Andere glauben die Scheere in dem Wappen der Grafen von Dillingen, deren zwei Bischöfe von Augsburg waren, zu dessen Diöcese Gmünd gehörte, suchen zu müssen; da diese aber zu dem alten Wappen der von Dillingen durchaus nicht stimmt, und alle Versuche, die Scheere heraldisch zu erklären, scheitern, glaubt Herr J. Erhard, daß sie hier eine allegorische Bedeutung habe; der Volksglaube bringt sie mit dem erwähnten Nasenabschneiden des Werkmeisters durch den Teufel in Verbindung. In diesem Portale ist ein Grabstein eingefügt, auf welchem das sehr flache Relief eines Priesters mit dem Meßkelche in der Linken, die Rechte segnend darüber erhebend, ausgemeißelt ist. Die Umschrift in nicht sehr alten gothischen Buchstaben lautet: Anno gracie 1050 obiit Johannes Kirssenesser caplanus ad sanctum spiritum cujus anima requiescat in pace......... (das letzte Wort gndeasalfro ist nicht zu entziffern. Ohne Zweifel wurde es bei einer Ausbesserung der Platte unrichtig eingehauen und hieß wohl nach der Auslegung von Professor Wattenbach in Heidelberg ursprünglich: In die sancti etc., worauf das anno gracie folgt.) Ebenso ist die mittelalterliche Zahl vier = ﾺ durch Unwissenheit des Steinmetzen in eine Null umgewandelt worden und 1450 statt 1050 zu lesen. Von diesem Epitaphium sagt Rinck[1]): Was den Grabstein des Johannes Kirssenesser betrifft, versicherte mich der in der Hl. Geist-Spital-Geschichte sehr erfahrene Spitalmeister von Brentano, daß K. ein um das Spital sehr verdienter Mann gewesen und, ich weiß nicht mehr 1350 oder 1450, gestorben sei. Die zweite Null sei vermuthlich ein Fehler des Ausbesserers des Grabsteines. Auch der in den Pfarr-Registern sehr bewanderte Herr Kaplan Zeiler in Gmünd erzählt, daß er seiner Zeit eine Urkunde gefunden habe, in welcher der Kaplan Johann Kirschenesser angeführt gewesen sei; nach dieser war sein Todesjahr 1450.

Lisenen, welche an der westlichen Außenseite die Trennung der drei Schiffe andeuten und die Ecken begrenzen, sind mit Basreliefs bis zur Höhe, in welcher die Neuerungen angefangen haben, geschmückt. Von da an sind die Steinbilder derselben zerstört. Am besten sind die Sculpturen an den Ecklisenen des süd-

---

1) J. A. Rinck a. a. O. S. 87.

lichen Seitenschiffes erhalten, und zwar dort, wo sie menschlichen Händen weniger erreichbar sind. Das oberste darauf befindliche Flachbild stellt unter einem Vordache mit einem Cherub, welcher die beiden Hände über seinen geflügelten Kopf hält, Maria mit Jesus auf dem Schooße dar; das Kind erhebt segnend die Rechte und greift mit der herabgesenkten Linken nach einem Apfel, den ihm die Mutter darreicht. „Diese Sculptur ist ganz in dem ältesten romanischen Stile gehalten: die Gestalten mager, steif und ganz ohne allen individuellen Ausdruck. Auffallend ist es, daß die Jagdthiere, offenbar von derselben Hand gemeiselt, von einer Frische und Lebendigkeit und Bewegung sind, welche den stärksten Gegensatz gegen die Starrheit der menschlichen Figuren bilden"[1]). Eigenthümlicher Weise hielt Pfarrer Prescher[2]) diese Steinarbeit für die Herzogin Agnes, die Stifterin der Kirche, mit ihrem erstgeborenen Sohne, welcher während ihrer Schwangerschaft von einer Gefahr errettet worden sei, und theilte den Volksglaube, daß die Jagdscenen an der Kirche Anspiegelungen auf jene Jagd seien, während welcher sie den Ring verlor. Jagdscenen bedeuten aber die Bekehrung der Sünder, die gejagten Thiere charakterisiren die einzelnen Sünden und die Jagdhunde sind

---

1) Dr. W. Lübke Gesch. der Plastik S. 304.
2) Altgermania Heft II. S. 32.

die Bußprediger¹) Unter dem Marienbilde sind vor einem hornblasenden Sänger zwei zusammengekuppelte Jagdhunde im vollen Laufe; dann ein verstümmelter Mann, und neben diesem drei verflochtene Schlingen, vielleicht ein Sinnbild der Dreieinigkeit, oder ein Netz, das Symbol des Glaubens und der Gottesverehrung, ganz unten ist ein sehr beschädigtes, dahinspringendes Pferd; der Reiter mit einer Lanze, der darauf saß, ist nur noch leise durch die Farbe des Gesteines angedeutet. Nach der Volksmeinung bedeuten die gekuppelten Hunde mit dem Männchen, das in ein Jagdhorn bläst, die ehemalige Wildniß, in welcher gejagt wurde; der Reiter mit der Lanze, die früher hier abgehaltenen Turniere; die verschlungene Figur wird der Zweifelsstrick genannt, weil man lange im Zweifel stand, wo der Ehering der Herzogin Agnes verloren gegangen²).

Zu der Südseite der Kirche übergehend, sieht man in dem Winkel, welche diese eben beschriebene Ecklisene mit der Mauer bildet, eine Säule mit kelchförmigem Blättercapitale, breiter, rankenverzierter Umgürtung des Schaftes und flacher attischer Basis mit Eckblättern über einem viereckigen, aus dem Sockel des Gottes= hauses hervortretenden Postamente. Eine gleiche Säule befindet sich am entgegengesetzten Ende des südlichen

---

1) H. Otte a. a. O. S. 877.
2) W. Grimm a. a. O. S. 339.

Seitenschiffes; nur ist dort das Kapitäl mit Rebenlaub ornamentirt. Diese Säulen lehren uns die Form der Wandsäulen kennen, welche, als die Kirche noch in ihrer vollen Schönheit dastand, statt Lisenen zwischen je zwei romanischen Fenstern über dem Sockel zum Dachgesimse emporstiegen, aber jetzt bis auf ihre attische Basis über viereckigen Postamenten sämmtlich, mit Ausnahme der beiden genannten, verschwunden sind. Auch hier ziehen mehrere Steinbilder die Aufmerksamkeit auf sich: Wasserspeierartig an beiden Enden des Daches hervortretende Menschengestalten, an der Mauer eine puppenförmige Figur, zwei phantastische, mit den Schwänzen verschlungene Thiere u. s. w.; das bedeutendste dieser Fachbilder ist aber, unter einem schmalen Vordache, Christus mit verschränkten Beinen und wagrecht ausgebreiteten Armen, statt der späteren natürlichen Stellung, an ein sogenanntes Krückenkreuz genagelt. Daneben stehen Maria und der an seiner Haltung nicht verkennbare Johannes; das Kreuz ruht auf dem Haupte einer weiteren Figur, welche eine runde Scheibe in der Hand hält. Diese nimmt das Volk für einen Druiden mit einem Opferkuchen, und die ganze Gruppe für ein Symbol des Sieges des Christenthumes über das Heidenthum. Gelehrte Forscher hielten die untere Figur für eine Maria, obgleich ihr Gesicht auffallend verzerrt von dem Bildhauer dargestellt ist. Richtig wurde sie zuerst von Herrn Caplan

Pfitzer erklärt, welcher wahrnahm, daß dieselbe einen Strick um den Hals habe und die Scheibe, welche sie in der Hand hält, mit kleinen runden Scheiben angefüllt sei, folglich einen Teller mit Silberlingen, und daß das ganze Reliefbild Judas vorstelle. Vermuthlich ist durch diese, das Kreuz tragende Figur des Judas die sündhafte Erde angedeutet.

Von den Gemälden, welche die Außenmauer schmückten sind nur wenige Spuren übrig, von welchen einige den Christophorus erkennen lassen. An der Langseite des südlichen Nebenschiffes öffnen sich drei gothische Fenster, die unregelmäßig mit kleinen romanischen abwechseln, und zwei Portale. In der ursprünglichen Kirche herrschte, wenigstens im Schiffe, nur ein schwaches Dämmerlicht; denn die Wandungen der romanischen Fenster schrägen sich so sehr zu, daß ihre Lichtöffnung schießschartenförmig enge ist; auf den Soolbänken der ersten zwei sitzen ruhende, jetzt kopflose Löwengestalten, und in dem Bogen eines Fensters zwischen den Portalen ist auf dem Schlußsteine das Hochrelief eines Falken.

Die beiden Portale zeichnen sich durch ihre eigenthümliche Sculptur-Decoration aus; das westlichste derselben erweitert sich nur in einer Abstufung; in den dadurch gebildeten Winkeln steht je eine schlanke Säule, deren jetzt zertrümmerte Basis einst die attische gewesen zu sein scheint; ihre Kapitäle sind vollkommen erhalten, hoch, sehr wenig ausladend, und mit Sculpturen von Blättern und Ranken verziert; der unten schräg zulaufende Abacus wächst statt ihren Abschluß zu bilden gleichsam aus ihnen hervor; der horizontale Thürsturz ist wulstförmig, wie die Fortsetzung der Säulenschafte, welche das Tympanon umschließen. Auf letzteren sind sehr archäische Reliefs, zwei ruhende, gegen einander gerichtete Löwen mit conventionell aus geraden parallelen Falten gebildeten Mähnen; zwischen ihren zurückgeneigten Köpfen ist wieder die geöffnete Scheere, und zwar hier mit einem geschorenen Mönchskopfe zwischen den Schneiden zu sehen. Das östliche Portal hat weder horizontalen Sturz, noch Tympanon; es erweitert sich in zwei Abstufungen mit Säulen in den Winkeln. Die Basis der beiden vorderen Säulen nähert sich der attischen Form, die der beiden hintern besteht aus Wulsten mit Blattornamenten verziert; sämmtliche Kapitäle sind hoch, cylindrisch, nicht stärker als der Schaft und originell ornamentirt, einerseits mit herzförmigen und Reben=Blättern von der gleichen symbolischen Bedeutung, wie solche auf dem Tympanon des westlichen Hauptportales vorkommen, andererseits mit Blättern, Ranken und dazwischenhängenden Trauben. Der Abacus ist durch eine ringförmige Erhöhung ersetzt, und jenseits derselben setzen sich die Säulenschafte als Archivolten in der Rundung des Thorschlusses fort, an dessen Anfang zwei Thiergestalten, sitzenden Hunden nicht unähnlich, hervortreten. An der östlichen Giebelseite dieses Nebenschiffes ist ein vermauertes gothisches Fenster; daneben sind noch zwei Bögen des romanischen Frieses, welcher ehemals das Giebeldreieck unterhalb abschloß, gut erhalten; sehr verstümmelt hingegen ist der Bogenfries unter der Dachschräge.

Unter dem Traufgesimse der Langseiten sowohl der Nebenschiffe als des Mittelschiffes zieht sich ein deutsches Band hin; erstere erreichen bei der Seitenansicht der Kirche nicht die Höhe des letzteren, und ihre Pultdächer schließen sich nicht, wie es von Westen aus erscheint, dem Sattelbache des Mittelschiffes an, sondern liegen tiefer als ihre sie maskirenden westlichen Giebeldreiecke, und lassen somit die Fensterreihen des Mittelschiffes frei. Diese waren, wie die Wandspuren zeigen, ursprünglich klein und von romanischer Form, später wurden sie zugemauert und an ihrer Statt vier große runde, den Gewölbkuppeln entsprechende Lichtöffnungen angebracht.

Bei weitem einfacher als die Langseite des südlichen ist die des nördlichen Nebenschiffes ornamentirt. In letzterem sind vier Spitzbogen- zwischen je zwei kleinen romanischen Fenstern. An dem unteren älteren Theile der Mauer sind noch schlichte Lisenen erhalten, welche, den Gewölbe-tragenden Pfeilern des Innenraumes entsprechend, über dem gegliederten Sockel der Kirche sich erheben. Nahe am östlichen Ende dieses Seitenschiffes ist der nördliche Eingang der Kirche, welcher im Allgemeinen den Charakter der südlichen Portale hat; zwei Abstufungen, in deren Winkeln Säulen sind mit cylindrischen, blättergeschmückten Kapitälen, Fortsetzung ihrer Schäfte in der Rundung des Portalschlusses, welchem hier horizontaler Sturz und Tympanon fehlen.

Der Kirchthurm, der sogenannte Schwindelstein, welchen Namen eine alte Chronik von dem Steine in dem verlorenen Ringe, der gegen Schwindel half, herleitet[1]), stand ehedem frei da. Jetzt ist er, wahrscheinlich seit dessen Vergrößerung während des gothischen Umbaues, mit dem Chore, sowie durch einen kleinen Zwischenbau mit dem nördlichen Seitenschiffe verbunden. Der Thurm besteht aus drei Hauptabtheilungen, die durch Gesimse, unter welchen sich ein doppeltes deutsches Band hinzieht, geschieden sind. Die, von einem Sockel umgebene, untere Abtheilung ist von quadratischer Grundform und beiläufig 50′ hoch; jede der freien Seiten an den Ecken und in der Mitte ist durch Lisenen gegliedert, welche sich oberhalb in Rundbögen, unter welchen ein Laubfries, verbinden. Der Innenraum dieses Erdgeschosses, welches sich nur auf den Chor öffnet und durch zwei romanische Fenster, ein östliches und ein nördliches, erhellt ist, bildet einen, von

---

1) Wahrscheinlich eine Verunstaltung aus Wendelstein mit daran angeknüpfter Sage.

den oberen Stockwerken abgeschlossenen, mit Kreuzgewölbe überdeckten Raum, der als Sacristei benutzt wird. Die breiten ausgekehlten Gewölbegurten ruhen auf rohgearbeiteten kelchförmigen Consolen, den Kapitälen vormaliger Säulen, welche in den vier Ecken standen.

Die zweite Hauptabtheilung des Thurmes mit zwei kleinen runden Lichtöffnungen, einer nördlichen und einer südlichen, ist 1/6 höher als die beiden andern und erscheint daher als der Hauptkörper. Diese geht in's Achteck über, indem die vier Mauern sich giebelförmig abschrägen, wodurch dreieckige, nach unten spitze Flächen an den Kanten entstehen. Ueber der so gebildeten achteckigen Basis baut sich die aus zwei Gelassen bestehende obere Hauptabtheilung auf, deren jede von allen Seiten ein gekuppeltes, von einem gothischen Blendbogen umrahmtes Spitzbogenfenster mit einem Säulchen in der Theilung hat. Auf den Füllungen derselben sind hockende Menschenfiguren und Thiergestalten, letztere auch auf den Kämpfern der Blendbögen. Das Dachgesims, seiner Höhe wegen manchem unbewaffneten Auge nicht ganz kenntlich, ist besonders reich in seiner ornamentalen Behandlung. Oben breitet sich ein Laubfries aus; darunter folgen: ein Band mit jagenden Hunden, Trapezornament zwischen zwei Rundstäben und endlich ein doppeltes deutsches Band. Ueber dem octogonen oberen Gelasse erhoben sich vormals vier mit Steinblumen geschmückte Giebel, von welchen nur zwei noch erhalten sind, die erkerförmig aus der spitzen achtseitigen, mit gelb und grün glasirten Ziegeln gedeckten, Dachpyramide hervortreten. Nach Dr. Merz[1]) gehört der viereckige Grund des Thurmes dem 11. Jahrhundert, das auf die unorganische Umsetzung aus dem Viereck folgende Achteck aber dem 13. Jahrhundert an.

Zugänge zu dem zweiten, wie gesagt von dem untern gänzlich getrennten Gelasse des Thurmes bilden erstens eine schmale enge Treppe, welche in den Chor neben der Sakristei mündet, und zweitens eine hölzerne Stiege innerhalb des Baues zwischen Thurm und nördlichem Seitenschiffe, in welchem die Giebelzierden des letzteren, soweit sie nicht durch den gothischen Umbau zerstört worden sind, sich noch trefflich erhalten zeigen. Die Rundbögen mit ihren Palmetten=Konsolen und Thierreliefs in den Bogenfeldern haben, vor der Witterung geschützt, hier ihre ursprüngliche Schärfe erhalten; ebenso sieht man, daß zwei romanische Fenster sich in dieser westlichen Giebelwand öffneten und folglich den Seitenschiffen keine Nebenapsis, wie solches im Romanismus gewöhnlich geschah, vorgelegt war. Im Innern des Thurmes schließt das zweite Hauptgelaß mit lanzettförmigen Spitzbogen an der Um=

---

1) Kunstblatt, Beilage zu Menzels Literaturblatt 1848, Nr. 40.

fassungsmauer ab, ist aber nicht von dem unteren Octogone des dritten Hauptgelasses, welches die Glockenstube bildet, getrennt; hingegen trennt ein achttheiliges Gewölbe das untere Achteck des dritten Hauptgelasses von dem oberen, der Wohnung des Thurmwächters, und eine nicht geschlossene Kappe dieses Gewölbes dient zum Durchgange. Am Anfange des zweiten Hauptgelasses ist im Innern der südlichen Wendung eine ungefähr 6' hohe Vertiefung, welche gegenwärtig dem Thurmwächter als Keller dient, in früheren Kriegszeiten aber eine Zufluchtsstätte der Kirchenschätze war und in solchen Nothfällen mit einer Mauer verschlossen wurde.

In der Glockenstube hängen drei Glocken. Die oberste und größte hat in gothischen Majuskeln, welche auf das dreizehnte und vierzehnte Jahrhundert zurückweisen, die Umschrift: St. Matthäus, St. Markus, St. Lukas, St. Joannes. Auf der zweiten, kleineren, dem Sterbeglöcklein, ist einerseits Maria mit einem Schwerte in der Brust, anderseits Christus am Kreuze, und in lateinischen Buchstaben die Umschrift: St. Joannes ora pro nobis. Die Umschrift der unteren Glocke ist, da man diese nicht umgehen kann, zum Theile unlesbar: auf der freien Seite sind in gothischen Minuskeln die Worte „...... meister von ehingen gos mich 1512." Zum Schlusse der Betrachtung des Aeußeren bleibt noch die Ostseite der Kirche übrig, welche ganz im Spitzbogenstile umgeändert ist. Den Chor umgeben mit Steinblumen geschmückte Streben, zwischen welchen ehemals Verkaufsbuden angebracht waren. Die dortigen Spitzbogenfenster sind mit dem in der Decadenzperiode der Gothik üblichen Maaßwerke versehen. Einige Verzierungen aus romanischer Zeit findet man hie und da in der Außenmauer eingefügt.

Wenn man das Innere der Kirche betritt, so sieht man leider die Basilika ganz im Jesuitenstile umgeändert, die Pfeiler und ihre Kämpfer mit Gyps überzogen, vor ihnen Konsolen mit Statuen der Apostel, auf den Stützen der Gewölbe-Gurten, sowohl im Schiffe als im Chore, sitzen Engel; die Gurten selbst sind mit Blattwerk besetzt, und auf den Schlußsteinen und Kappen sind biblische Bilder ohne allen Kunstwerth in Rococo-Umrahmung. Die Länge des Schiffes ist 113' und seine Breite 65; von letzterer kommen auf die Lichtweiten des nördlichen Seitenschiffes 13', des Mittelschiffes 30' und des südlichen Seitenschiffes 16'. Die Rundbogenarkade der Mittelschiffwand ruht auf je sieben Pfeilern von 3' Durchmesser und 11' Höhe; drei derselben sind Gewölbeträger, über deren Kämpfern Wandpfeiler bis zu der Decke empor steigen. Die übrigen Pfeiler sind Arkadenstützen, haben aber dieselben Dimensionen. Bei vier Pfeilern wurde der Gypsüberzug von den Kämpfern entfernt und ihre romanische Ornamentirung freigelegt; an der ersten nordwestlichen ist die Schmiege des Kämpfers mit Schachbrettmuster, an der zweiten mit Laubfries und an dritten mit Rautenformen geschmückt; letzteres bedeckt auch die Schmiege des Kämpfers des ersten südwestlichen Pfeilers. In den ausgekehlten Ecken der Pfeiler stehen schlanke Säulchen mit cubischen Kapitälen, deren Seitenflächen mit Palmetten dekorirt sind. Diese dünnen Säulchen sind als Gliederung an den Arkadenbögen herumgeführt. In der Westwand, nördlich neben dem Portale ist eine romanische Säule von einer früheren Anlage übrig geblieben, welche zu den ältesten Formen gehört, an der attischen Basis sind Eckblätter, das, von einer westlichen hölzernen Empore theilweise verhüllte Kapital ist einer halbkugeligen Schaale ähnlich, deren oberer Theil auf vier Seiten senkrecht abgeschnitten wurde. Südlich neben dem Westportale steht hingegen ein Wandpfeiler von der Form der übrigen Pfeiler. In jeder der vier im Rundbogen geschlossenen Traveen des Mittelschiffes öffnet sich, wie schon früher angegeben, ein kreisförmiges Fenster. Das östliche Ende des Langhauses ist um eine Stufe erhöht und zum Chore gezogen; im Mittelschiffe steht dort ein Altar; die Seitenschiffe sind an ihrem östlichen Schlusse niedriger, mit Netzgewölben überspannt und in Kapellen mit Altären aus der Zopfzeit umgewandelt. Das um zwei Stufen erhöhte Sanktuarium hat die Breite des Mittelschiffes und eine Länge von 35'; in seiner Mitte sieht man, dem Boden eingefügt, eine Steinplatte mit dem Brustbild eines Priesters im Hochrelief, welcher in der Linken einen Kelch hält und die Rechte segnend erhebt. Es ist keine Inschrift darauf, aber man glaubt, daß dieser Grabstein der des Minoriten-Paters Laib sei, welcher, als die lutherische Lehre gegen 1532 in Gmünd eindrang, eifrig gegen dieselbe kämpfte, einen evangelischen Priester aus der Johanniskirche vertrieb, an seiner Stelle die Kanzel einnahm und die zahlreiche, schon wankend gewordene Zuhörerschaft zur Sinnesänderung bewog[1]). An der Südseite erhellen zwei Spitzbogenfenster das Sanktuarium, dessen Nordseite fensterlos ist, weil an dieser der Thurm sich anlegt; durch des letzteren 6' starke Mauer führt ein Tonnen-gewölbter Gang in die Sakristei, das untere Gelaß des Thurmes. Bis zu dem Gewölbe aufsteigende Pilaster mit korinthischen Kämpfern aus der Zopfzeit umgeben sowohl das Sanktuarium als den Chorschluß. Unter den vielen Bildern mit Scenen aus dem Leben der Heiligen, welche als Zierde an den Wänden des Sanktuariums befestigt sind, ist eines, ein Oelgemälde aus den Jahren 1600 von einigem Interesse, wenn auch ohne Kunstwerth; es stellt die Gegend von Gmünd mit der Johanniskirche in ihrer heutigen Gestalt, aber vor Gründung der Stadt dar. Im Hintergrunde sieht man den Hohenstaufen mit der

---

1) M. Grimm a. a. O. S. 362.

Burg und im Vorbergrunde eine Jagd; auf den Wolken thronen Maria, Christus und die beiden Johannes. Eine nicht mehr vollständig lesbare Inschrift unter dem Bilde erzählt die Geschichte des verlorenen Ringes und nennt den Namen des Malers: Johann Georg Scherlen. Der Chorschluß ist über drei weitere Stufen erhöht und von fünf Spitzbogenfenstern erhellt, sein Hintergrund von einem bis an die Decke reichenden Hochaltare im Zopfstile eingenommen. An diesen Altar knüpft sich folgende Erinnerung: er wurde im Jahre 1670 zum Andenken und zur Danksagung für die überstandenen Qualen der Kriegszeiten in der hl. Kreuzkirche errichtet, wo er bis zum Jahre 1801 stand. Um genannte Zeit ließ der damalige Dekan Kratzer ihn abbrechen und in die Johanniskirche versetzen[1])

1831 wurde die Kirche einer Reparatur unterzogen. Diese Jahreszahl ist durch Majuskeln einer Inschrift über dem Triumpfbogen also ausgedrückt. Juvento Agnetis annulo Laureacenses posteritati me aedificaverunt.

Die Wände der Kirche waren einstens auch im Innern mit Gemälden geschmückt. Fernbach[2]) fand nach Abnahme der Tünche an den oberen Mauerflächen Tempera-Malereien, welche allem Anscheine nach aus

---

1) M. Grimm a. a. O. S. 348.
2) Fr. X. Fernbach, Bemerkungen auf einer Reise durch Schwaben. Kunstblatt 1847, Nr. 22.

der Mitte des fünfzehnten Jahrhunderts stammen. Seine Vermuthung, daß auch auf der Mauer der ursprünglichen Basilika bildliche Darstellungen seien, bestätigte sich, als er in einem Seitenschiffe ein Stück von dem 1½‴ dicken Ueberzuge abhob; auf den ursprünglichen Bausteinen zeigte sich ein dünner Kreidegrund, auf welchen die Farben aufgetragen waren.

Die gothischen Umänderungen dieser Kirche können nicht beseitigt werden. Der Versuch dazu käme einem Neubau ziemlich gleich, da der Chor z. B. ganz im Spitzbogenstile gehalten ist; aber wünschenswerth wäre es, die Werke der Zopfzeit zu entfernen, was um so leichter geschehen könnte, als die Kämpfer der Pfeiler nicht wie in vielen Gotteshäusern während der Verzopfung, zum Anheften der Stuckverzierungen durchlöchert worden sind. Bereits ist zu dem Zwecke der Restauration eine Summe von 2000 Thl. vermacht worden, und hoffentlich werden fernere Vermächtnisse und Schenkungen die dazu nöthige Summe noch beschaffen.

Das zweite der wichtigsten Denkmale aus Gmünd's Vorzeit ist die schönste Zierde der Stadt, die Kirche zum hl. Kreuz oder Unserer Lieben Frau.

Wo heute dieser prachtvolle, reich mit plastischem Bilderschmucke gezierte Bau sich erhebt, stand vordem eine romanische Construktion, wie die Fragmente dieses Stiles, welche bei der letzten Restauration unter dem

Estrich) zum Vorscheine kommen, bewiesen haben. Der Umbau in die Spitzbogenform, wozu viele Fromme nach Kräften beitrugen, (so spendete z. B. eine Frau von Wüstenried die damals sehr ansehnliche Summe von 500 Thl.[1]) geschah auf Veranlassung des vierundvierzigsten Bischofs von Augsburg, Heinrich von Schöneck[2]), zuerst Kanonikus, dann Propst zu Augsburg, welcher durch die Bemühung Kaiser Ludwig des Baiern im Jahre 1336 Bischof alldort geworden war; im Jahre 1339, seines üblen Leumundes wegen entfernt, wurde er bald darauf durch denselben Kaiser in seine Würde wieder eingesetzt. Die Geschichte berichtet von ihm, daß er im Jahre 1339 der Tochter seines Gastwirthes Gewalt angethan hätte, auf deren Geschrei wären viele Leute herbeigelaufen und der Kirchenfürst in Folge dessen gezwungen gewesen, sich zu flüchten; in demselben Jahre hätte er aber durch den Machtspruch von Kaiser Ludwig seinen Bischofssitz von Neuem eingenommen[3]), als Vicekanzler des Kaisers hielt er aber mit demselben gegen Papst Calixtus VI, wurde deßhalb im J. 1348 abgesetzt und zog sich hierauf nach Gmünd zurück, wo er nach Crusius ebenfalls Propst, (in diesem Falle bei der Johanniskirche) war; nach seinem Tode

---

1) M. Grimm a. a. O. S. 342.
2) Zedler, Universallexicon B. 10, S. 828.
3) C. F. von Stälin, Wirtembergische Geschichte B. 3, S. 237.

1368 wurde er in der Kirche der Jungfrau Maria beigesetzt[1]), wo sein Grabstein mit Wappenschild und unleserlich gewordener Inschrift noch im Mittelgange, unfern der Kanzel zu sehen ist. Laut der Lapidarschrift am nördlichen Chorportale wurde der jetzige Bau im J. 1351 angefangen; er wurde von dem Architekten Heinrich von Gmünd aus der, fälschlich, Arler genannten Familie geleitet. Von diesem sagt Palacky[2]): Heinrich Parlier (Werkführer wurde von Boulogne (Bolonia) um 1333 nach Schwäbisch Gmünd berufen, um allda eine Kirche u. dergl. zu bauen. Ihm wurde dort 1333 der Sohn Peter geboren, welchen Karl IV. von Gmünd nach Prag berief (1356), um den begonnenen Bau der Domkirche nach Matthias von Arras weiter zu führen, was dieser auch bis 1386, wo dieselbe in der Hauptsache vollendet wurde, erfüllte. Peter hatte nach dem Zeugniß des Hradschiner Stadtbuchs mehrere Söhne. Einer derselben mochte wohl der bei dem Bau des Mailänder Domes 1391—1402 beschäftigte Heinrich gewesen sein. Um auf unsere hl. Kreuzkirche zurückzukommen, so nahm deren Bau 26 Jahre in Anspruch. Im J. 1406 wurde sie zur Stadtpfarrkirche erhoben, 1410 geschah die Einweihung des Choraltars mit den Reliquien, welche aus einem Stücke von dem Kleide der

---

1) Khamm Hierarchia Augustana 1709 catal. et descript. episcoporum Augustanorum c. VI. cl. III. sect. XV.

2) von Stälin, Wirtembergische Geschichte B. 3, S 737.

Jungfrau Maria, zwei Stücken von den Heiligen Petrus und Paulus und einem Fragmente vom Arme des Hl. Bartholomäus bestanden. Im J. 1762 wurde auf Verwenden des damaligen Bürgermeisters von Storr ab Oftrach die Kirche vom hl. Kreuz in eine Stifts=kirche umgewandelt mit 9 Kanonikaten und 2 Bene=fiziaten versehen, deren Dekan der jeweilige Stadtpfarrer war. Bei dem Aufhören Gmünds als freie Reichs=stadt wurde im J. 1803 das Stift wieder aufgehoben, und die Kanonici fanden als Kapläne Verwendung¹).

Die Kirche hatte ursprünglich zwei östliche Thürme an der Stelle, wo das Querschiff wäre; dieselben stürzten 1497 am Charfreitag, zwischen 9 und 10 Uhr vor Mitternacht, ein und wurden nicht wieder aufgebaut. Ursache dieses Unglücks war die Unvorsichtigkeit eines Architekten, welcher, um eine freie Aussicht auf den Chor zu gewinnen, den Verbindungsbogen, der zugleich gegenseitige Stützmauer der Thürme war, entfernte. Während der Katastrophe, von welcher, 1515, ein Augenzeuge, Rathschreiber Rau, eine detaillirte Schil=derung hinterlassen hat, waren gerade vier Chorknaben bei dem hl. Grabe singend und zwei alte Männer zur Pflege der Kerzenlichter anwesend; diese sechs Personen erlitten hiebei keinen Unfall und wurden von benach=barten Leuten, welche Leitern anlegten und Fenster ein=

---

1) M. Grimm a. a. O. S. 349 ff.

schlugen, herausgeholt. Selbst in einem nahen Hause, in welches der Knopf und Stücke des. einen Thurmes fielen, ging doch trotz der dort angerichteten Beschädigung kein Menschenleben verloren. Zum Gedächtniß der wunderbaren Rettung aller dieser in großer Gefahr Schwebenden wurde an jedem Osterdienstag ein Bittgang angeordnet, welcher seit 1813 nicht mehr stattfindet[1]) Das Gotteshaus, eines der edelsten und bedeutendsten Werke aus der Gruppe der Hallenkirchen[2]) ist im frühgermanischen Stile erbaut, dreischiffig, ohne Kreuzvorlagen und mit der reichen, bei größeren Cathedralen vorkommenden Chorbildung, indem eine erhöhte Verlängerung der Seitenschiffe mit einer Reihe von niederen Kapellen, welche letztere durch theilweises Hineinziehen der Strebepfeiler in's Innere gebildet sind, den Chor umgibt. Zwei Gallerien mit Geländern von gothischem Maaßwerke krönen die Außenmauern, eine tiefere läuft über dem oben erwähnten Kapellenkranze hin, eine höhere über dem Schiffe; letztere setzt sich auch unter dem Giebeldreiecke der Westfaçade und, etwas erhöht, über dem Chorumgange fort. Treppenthürme mit Eingängen im Innern der Kirche, von denen nur der nördliche in seiner ganzen Höhe und mit den kleinen Fenstern im Tudorbogen nach außen vortritt, führen auf diese Gallerie hinauf.

---

1) M. Grimm a. a. O. S. 344.
2) Dr. W. Lübke, Gesch. der Architectur 1865, S. 55.

Die Strebepfeiler, zwischen welchen einstens Buden standen, aus welchen die Ueberreste von noch jetzt sichtbaren Wandmalereien herrühren mögen, sind reich ausgestattet; an ihren oberen Theilen vertiefen sich am Langhause Nischen mit Statuen der Apostel, gute Arbeiten aus der Zeit des gothischen Umbaues der Kirche, die jedoch durch das vorderste der drei Säulchen, auf welchen ihre Baldachine ruhen, sehr verdeckt sind. Längs des Chorumganges sind die Standbilder der Strebepfeiler auf Consolen und von Wimpergen überdacht unter der Gallerie des Kapellenkranzes angebracht[1]). Neben dem südlichen Chorportale erscheint das Steinbild eines Kaisers, wahrscheinlich Karl's IV. (1347 bis 1378) mit dem Reichsapfel in der Linken; die Rechte mit dem Scepter ist abgebrochen; über seinem Wimperge ist der zweiköpfige Adler; westlich folgt eine leere Nische, welche für die Kaiserin bestimmt war und über welcher ebenfalls ein Reichsadler prangt. Oestlich neben diesem Portale ist ein thronender Papst mit dreifacher Krone, wahrscheinlich Gregor VII., der Repräsentant des Papstthums auf dem Gipfel seiner Macht (1073—85); die dreifache Papstkrone wurde zwar erst durch Paul II. (1464—71) eingeführt, aber in den darstellenden Künsten gab man diese auch den früheren Nachfolgern Petri. Ueber dem Papst

---

1) Folgende Erklärung von Herrn Kaplan Pfizer.

ist das Wappen Gmünds, das Einhorn. Die hierauf folgenden Statuen sind: Ambrosius mit dem runden Cardinalshute; Bischof Augustinus mit Mitra und Stab; Mönch Hieronymus mit Kutte und Kreuzstab; Christophorus mit Christus auf der Schulter; Franz von Assisi, seine durchbohrten Hände in die Höhe hebend und zeigend (nach einer Erscheinung des Gekreuzigten war seine Seele so von demselben erfüllt, daß auch sein Körper die Merkmale desselben an Händen und Füßen trug); zwei Bischöfe ohne Mitra, aber mit Krummstäben und Spruchbändern, auf welchen wahrscheinlich früher ihre Namen zu lesen waren; die Dreieinigkeit, dargestellt als bärtiger Greis mit einer Taube im Barte und den Gekreuzigten vor sich auf dem Schooße haltend; die drei Weisen aus dem Morgenlande. Jenseits des nördlichen Chorportales, zu welchem wir jetzt gelangt sind, sehen wir Maria mit dem auf ihrem Schooße stehenden Jesuskinde, und zuletzt Joseph mit dem grünenden Stabe. Von mannigfaltiger, oft sehr launiger Gestalt sind die Wasserspeier, welche theils als phantastische Thiergebilde, als abenteuerliche Menschengestalten aus den Strebepfeilern hervortreten. Den oberen Abschluß der letzteren bilden schlanke Fialen, welche zugleich der den Bau krönenden Gallerie als Stütze dienen.

Die Westfronte der Kirche ist durch zwei bis zum Giebeldreieck reichende Strebepfeiler in drei Felder ge-

theilt; in dem mittleren derselben öffnet sich ein Spitz=
bogenportal, das einzige ohne Vorhalle, dessen Wandung
in Hohlkehlen und Rundstäben sich nach Außen er=
weitert. Der Eingang ist durch einen gegliederten
Pfosten getheilt, welchen ehemals eine Statue schmückte,
wohl die Jungfrau Maria, als der bevorzugten Hei=
ligen der Kirche; von dieser sind nur noch die Console
und der reiche Baldachin übrig. Der horizontale Thür=
sturz ruht auf zwei Kragsteinen, deren einer eine ge=
bückte männliche Figur, der andere aber einen frazen=
haften Teufel, der auf Judas Ischariot reitet, darstellt;
Letzterer hält einen Beutel in der Rechten und wehrt
mit der Linken den in Augen und Mund sich ankral=
lenden Satan ab. Das Tympanons=Ornement besteht
aus blindem Maaßwerk. Von Fialen flankirt, unter
welchen früher ebenfalls Statuen standen, erhebt sich
über dem Portale ein mit Krabben und Steinblume
versehener Wimperg, dessen umschlossenes Feld ebenfalls
mit blindem Maaßwerk decorirt ist. Am oberen Theile
aller drei Schiffe öffnet sich ein Radfenster, und fünf
Spitzfensterblenden vertiefen sich in dem Giebeldreiecke.
An jeder Langseite des Schiffes sind sechs dreigetheilte
Fenster mit reichem und noch reinem Maaßwerk; ihre
Länge aber ist durch die Portale und Anbauten, zu
welchen südlich die neuere Sacristei gehört, häufig ver=
kürzt. Die Fenster des Chores sind in zwei Reihen;
die untere Reihe aus sechstheiligen Fenstern bestehend,

erhellt den Capellenkranz; die obere, aus viertheiligen Fenstern gebildet, befindet sich in dem höheren Theile des Chorumganges und ist von Blendbögen und Blumenornamenten, die sich von einem Strebepfeiler zum andern schwingen, überdacht. Südlich und nördlich sind an dieser Kirche je zwei Eingangsportale, das eine in der Nähe des Chores, das zweite mehr westlich; alle sind mit bedeutenden, bemalten Bildwerken geziert und mit einer kleinen Vorhalle versehen, indem die Zwischenräume der beiden dieselben flankirenden Strebepfeiler überwölbt wurden. Der am reichsten ausgestattete und einer bereits vorgerückten gothischen Periode angehörende Eingang ist das südliche Chorportal, dessen Schmuck sich sogar auf die benachbarten Streben ausdehnt. Rechts steht Maria als Fürbitterin der Sünder mit vielen kleinen Figuren, die unter ihrem Ueberwurfe in betender Stellung sind, auf einer Console; sie ist mit einem Baldachin überdeckt. Links wandelt Christus, sein Kreuz tragend. Der im Spitzbogen geschlossene Eingang der Vorhalle trägt, wo gewöhnlich eine Kreuzblume die Krönung bildet, eine Console mit Christus; zu beiden Seiten stehen neben ihm die Apostel längs des Eingangsbogens auf Piedestalen und über alle diese Standbilder erheben sich kunstreiche Baldachine. An den beiden Wandungen der Vorhalle sind die Stellen für die Propheten, von welchen jedoch nur Moses und Jesaias nebst zwei anderen aus neuerer

Zeit ausgeführt sind. Auf der Ueberwölbung ist die Schöpfungsgeschichte in kleinen Hochreliefs, wobei Gott immer in derselben Gestalt und Stellung abgebildet ist. Die Erschaffung des Himmels und der Erde ist durch eine Reihe knieender Engel angegeben, das Licht durch einen astronomischen Globus, hierauf folgen Wasser und Erde, der Mond versinnlicht Tag und Nacht, dann kommt die Schöpfung der Thiere und Vögel, endlich die des ersten Menschenpaares; auf der entgegengesetzten Seite ist der Sündenfall, die Vertreibung aus dem Paradiese (man sieht Adam Holz hacken und Eva spinnen); die Sündfluth (aus der Arche schauen die Thiere heraus, aus den obersten Fenstern derselben blicken die großen Köpfe Noah's und seiner Frau), Noah's Dankopfer ꝛc. Den Eingang zur Kirche umschließen in zwei Reihen Engel mit den Marterwerkzeugen und Propheten mit Schriftrollen. Die decorative, figurenreiche Ausschmückung des Tympanons besteht aus drei Reihen von Reliefdarstellungen. In der obersten ist Christus als Weltrichter mit emporgehobenen Händen; neben ihm stehen Maria und Johannes fürbittend, und in jeder Ecke ist ein Engel mit Posaune. In zweiter Reihe sitzen die zwölf Apostel, und in der untersten sieht man aus den Gräbern steigende Todte; rechts führt ein Engel die Seligen dem Paradiese zu, links schiebt ein froschähnlicher Teufel das in den Geberden Verzweiflung ausdrückende Chaos der

Verdammten in die Hölle, welche durch einen Rachen angedeutet ist; voran gehen hier, wie bei den geretteten Seelen, ein weltlicher und ein geistlicher Fürst.

Einfacher und älter, der Zeit von 1360 — 70 angehörend[1]), ist das westliche Portal der Südseite. Die Wandung des Thores erweitert sich, wie in der gothischen Bauart überhaupt, mittelst Hohlkehlen und Rundstäben; letztere setzen sich aber nicht unmittelbar in dem Spitzbogen des Schlusses fort, sondern, und dieses ist für den frühgothischen Stil charakteristisch, am Bogenanfange schließen seine Hauptcapitäle die verticalen Gliederungen ab. Die Gewölbegurten der Vorhalle ruhen auf Consolen, welche die Symbole der vier Evangelisten darstellen. Das Tympanon enthält zwei von Traubengewinden umgebene Felder. Auf dem unteren derselben ist die sterbende Maria, von den Aposteln umgeben; auf dem oberen Maria's Krönung durch Christus; knieende Engel mit Fackeln füllen die Ecken aus.

Das nördliche Chorportal hat den Character der Verfallzeit der Gothik und ist wohl nach der Beschädigung dieses Theiles der Kirche durch den Einsturz der Thürme 1497 entstanden. Die Gurten des runden

---

1) Dr. Merz, Spaziergang durch die vornehmsten Kirchen Württembergs in dem Evangelischen Kirchenblatt für Württemberg 1847, S. 146.

Gewölbes der Vorhalle sind miteinander verflochten, über dem Eingange kömmt die Frauenschuh genannte Verzierung vor, und knorriges Astwerk bildet Consolen nebst Baldachinen von vier der an den Wänden der Vorhalle angebrachten Statuen, welche die fünf klugen und die fünf thörichten Jungfrauen darstellen. Letztere Standbilder, welche älter als das Portal sind, haben in jeder Beziehung einen künstlerischen Werth; Stellung, Form der Köpfe und Faltenwurf der Gewänder sind reizend zu nennen. An der östlichen Wand bemerken wir unter diesen Jungfrauen drei Consolen; sie stellen von gothischem Laubwerk umgebene und in dasselbe übergehende Gesichter vor, welche besonders gelungene Arbeiten sind. Ferner gewahrt man eben dort folgende Lapidar-Inschrift in gothischen Minuskeln: Anno Dom. 1351 ponebatur primus lapis pro fundamento hujus chori XVI kal. Augusti. Innerhalb dieser Vorhalle sind fünf verschiedene Steinmetzzeichen eingemeißelt und auf ihrer Wölbung 18 verschiedene Todesmartern in Relief dargestellt, die verschiedenen Kreuzigungsarten, Schinden, Köpfen u. s. w. Das Tympanon des fast lanzettförmigen Portalschlusses enthält drei Reihen von Bildern in Relief. Unten sieht man Gethsemane, die Gefangennehmung Christi, Pontius Pilatus, seine Hände in einer Schüssel (in Unschuld) waschend, und die Geißelung; in zweiter Reihe sind die Dornenkrönung, die Kreuzschleppung, Kreuzigung und Kreuzabnahme, ganz oben Adam und Eva, die Befreiung der Voreltern aus der Unterwelt, die Auferstehung.

Das Westportal der Nordseite hat wieder die einfacheren Formen der Frühgothik. Die Vorhalle öffnet sich in einem stumpfen, rechtwinklich umrahmten Bogen, welcher auf blättergeschmückten Consolen ruht, und weite Fünfpässe beleben die Mauerfüllungen der Ecken. Die Rundstäbe in der Abschrägung des Einganges haben polygone Sockel und doppelte Laubcapitäle. Eigenthümlicher Weise ist das Gestein unter dem Bogenanfang des Portals nicht der gelbe Sandstein, aus welchem die ganze Kirche erbaut ist, sondern eine Schichte von schwarzem Liasschiefer. Der horizontale Thürsturz ruht auf Consolen, welche einerseits einen Löwen, anderseits einen Pelikan bilden. Das Tympanon ist in zwei mit Traubenlaub umgebene Felder getheilt; auf dem oberen sieht man Maria im Wochenbette, Joseph kniet zu ihren Füßen, darüber schwebt Jesus in der Krippe, über welcher die gewöhnlichen Thierköpfe nicht fehlen. Auf dem unteren Felde ist die Anbetung der Weisen. Zu jeder Seite des Portals ist ein lebensgroßes Standbild von sehr guter Arbeit auf einer Console, östlich der Engel Gabriel mit einem Spruchbande, auf welchem jedoch die Worte Ave Maria gracie plena Dominus tecum schon längst verwittert sind; gegenüber steht die Jungfrau Maria, mit der Linken ein Buch und einen Theil ihres Ueberwurfes emporhebend, und gleichsam verschämt dem Engel ihr Antlitz verbergend. Nach dem Urtheile gründlicher Kunstkenner ist die Bildhauer=Arbeit dieses Portales unter die besten Arbeiten ihrer Zeit zu rechnen.

Einst war die hl. Kreuz=Kirche von einem Fried=hofe umgeben, und an ihrer westlichen Seite fanden alljährlich am Charfreitag die Passionsspiele bis zum Jahre 1803 statt. Diesen Friedhof umschloß eine 7′ hohe Mauer mit mehreren Durchgängen, an welcher das Michaelis=Kirchlein, der Oelberg und das Todten=häuslein angebaut waren; 1804 wurden die Kreuze entfernt, 1807 die Mauer mit den Gebäulichkeiten abgebrochen und deren Steine zum Baue der Rems=brücke verwendet.[1]) Von den Epitaphien, welche auf dem Gottesacker standen, sind einige neben dem west=lichen Kirchenportale der Südseite angelehnt, und auf diesen erscheinen uns mehrere Namen als alte, durch Crusiu's Schwäbische Chronik gewonnene Bekannte. Der eine Stein, wecher früher an dem Michaeliskirchlein befestigt gewesen sein soll[2]), enthält eine Leiter und die Umschrift: Anno Dom. 1284 obiit Berchthold Klebzagel primus magister civium[3]).

---

1) M. Grimm a. a. O. S. 350.
2) M. Grimm a. a. O. S. 350.
3) Crusius, Schw. Chr. Thl. 3, B. 5, C. 8: „Als in der Schwäbischen Stadt Gmünd zwischen den Abeligen und andern vornehmen Familien um des point d'honneur willen einige

Auf einer Platte mit einer Distel auf dem Wappenschilde und einer Adlerschwinge über dem Helme liest man: Anno Dom. 1524 uff Sankt. Benedikt Tag starb ...... Warbeck dem Gott gnedig sie wel[4]). Ein weiterer Grabstein enthält den Namen: Ursula Meylerin † 1570, Gattin des Dr. Balthasar Brauchen[2]).

Von den übrigen alten Epitaphien enthält eines ein Wappenschild mit drei Kugeln und eine Gans als Helmschmuck. Von der Inschrift läßt sich nur entziffern: „Anno Dom. 1404, da starb der ...... des Gedechtnuß man hie beget." Andere Steine enthalten die Namen Thomas Masnang † 1635; Theresa Reinerin, Gattin des Anton Jäger † 1779; Johann Storr † 1636. Bei zweien sind nur noch die Jahreszahlen 1635 und 1637 lesbar.

Strittigkeiten entstanden, kam das Regiment von ihnen weg und an das Volk, welches sich von derselben Zeit an selbst taugliche Obrigkeiten erwählet und Anno 1248 unter Kaiser Rudolpho Bernhard Klebzagel zum ersten Bürgermeister."

1) Crusius a. a. O. Thl. 3, B. 9, S. 16: „In den Jahren 1509 und 1513 war Bürgermeister zu Gmünd Thomas Warbeck."

2) Crusius, Paralipomena S. 427: „Im Chor der Kirche zu Heubach lagen zwei Frauen und Schwestern, aus einem ehrsamen Geschlechte der Mauler aus der Stadt Wermbdingen begraben. Denn die Stadt Gmünd hat dieselben nicht wollen bei sich begraben lassen, weil sie evangelisch waren, aber Melchior Brauch (Bürgermeister 1576), der die andere zur Ehe gehabt hatte, hat von den Edlen von Wöllwarth die Erlaubniß erhalten, daß sie dahin geführt wurden."

Die Dimensionen des Innenraumes der Kirche betragen vom Westportale bis zum Chore 140′; die Breite des Schiffes ist 74′, die Höhe ist auf 68′ angegeben. Die Seitenschiffe haben, da das Gotteshaus eine Hallenkirche ist, die Höhe des Mittelschiffes; ihre Breite beträgt die Hälfte desselben. Die spitzbogigen Arkaden des Gewölbes ruhen im Langhause auf je acht beiläufig 60′ hohen und 4′ im Durchmesser enthaltenden Säulen mit Blatt-begränzten Kapitälen; in den Nebenschiffen stützen sich die Gewölbegurten auf schlanken Wandsäulen, ebenfalls mit Laubkapitälen.

Der westlichste Säulenzwischenraum ist von einer zweistöckigen Empore ausgefüllt, die, wie die Pfeiler, welche das Steingewölbe darunter stützen, und ihre Balustrade beweisen, aus der Renaissencezeit stammt. Die obere hölzerne Empore stützt sich auf die untere steinerne, mittelst gigantischer Atlanten und Säulen, die ebenfalls von Holz sind; sie trägt eine, im reichen Zopfstile erbaute Orgel, welche, im Geschmack ihrer Bauperiode, mit Brustbildern geschmückt ist. Die nördlichste dieser Büsten stellt, wie die Tradition berichtet, die Frau des Architekten der Kirche dar, welche bei der Mahlzeit nach Vollendung des Baues des Guten zu viel gethan und die Folgen davon schwer empfinden mußte. Das Resultat ihrer Unmäßigkeit war auf der Brüstung der unteren Empore angedeutet, wurde aber vor Kurzem, bei der Restauration der Kirche entfernt.

Von der Empore bis zum fünften Säulenpaare, wo der Boden um eine Stufe erhöht ist, erstrecken sich die Kirchenbänke, welche mit Schnitzereien, Wappen, Blättern u. s. w. verziert sind, auf einigen derselben sieht man die Jahreszahlen 1772, 1796, die Zeit ihrer Verfertigung. Auf der nun folgenden höheren Stelle des Langhauses haben die Säulen, welche bisher ohne Basis waren, 4' hohe Füße, wie die des Chores. Vor der Restauration standen hier sieben Altäre, welche als für den Gesammteindruck störend damals entfernt wurden. Bei dieser Arbeit entdeckte man in den Seitenschiffen zwischen dem 6ten und 7ten Säulenpaare die viereckigen Fundamente der einstigen Thürme, deren Verbindungsbogen ihre gegenseitige Stütze war und dessen Entfernung aus dem Grunde weil er die Aussicht auf den Chor beschränkte, den Sturz der Thürme verursachte.

Der letzte, 17' breite Pfeiler=Zwischenraum des Langhauses, wo sich sonst das Querschiff befindet und in welchem hier die beiden östlichen Portale Zutritt gewähren, war ursprünglich zum Chore gezogen; denn er ist um drei Stufen erhöht und durch den auf verdoppelten Säulen ruhenden Triumphbogen von dem Mittelschiff getrennt; auch ist seine Decke das höhere, reichere, mit Medaillons versehene Netzgewölbe des Chores, und an der Außenseite des Gebäudes erscheint dieser Theil als eine Fortsetzung des Chor=Umganges.

Gegen das östliche Ende des nördlichen Seiten=
schiffes ist der Eingang zum Treppenthurme der Gal=
lerie, über welchem zwei Schilder ohne Wappen ge=
meiselt sind und wohl für künftige Wohlthäter der
Kirche aufbewahrt waren; daneben tritt zwischen den
Streben nach Außen die Tauf=Capelle vor, auch
Schreyer'sche Capelle genannt, weil der Kirchenmeister
Schreyer in Nürnberg[1]) diesen, einst durch den Sturz
der Thürme sehr beschädigten Theil des Gotteshauses
wieder aufbauen ließ, wobei die bekannten Baumeister
Böblinger thätig waren. An der nördlichen Säule des
Triumphbogens unmittelbar neben der Capelle sieht
man deren Steinmetzeichen eingemeiselt.

Schreyer's Wappen befindet sich hier in Stein
ausgehauen, einmal auf dem Schlußstein des Gewölbes
und sodann nebst dem seiner Gattin als Glasgemälde
in dem Fenster eingefügt. Dieser Raum hat noch eine
dritte Benennung, nämlich Sebaldus=Capelle, wegen

---

1) Sebaldus Schreyer zu Nürnberg, geb. 1446, † 1503.
Seine Gattin Margaretha, Heinrich Kammermeisters Tochter,
geb. 1444, † 1516. Zu seiner Zeit war die höchste geistige
Bewegung in Nürnberg. Die Reformation bildete Parteien,
aber Schreyer blieb der alten Lehre treu und starb auch in
dieser. Die mächtigere Partei in Nürnberg waren die Prote=
stanten; dadurch wurde vielleicht sein Name in den Hinter=
grund gedrängt, während sein Andenken, sein Verdienst um
Kunst und Wissenschaft alle Zeiten überlebt." (Heideloff, die
Ornamentik des Mittelalters, Nürnberg 1847, Heft 13.)

des von Schreyer gestifteten, gegenwärtig in einer der Capellen des Chorumganges aufgestellten Altares dieses Heiligen. An seiner Stelle ist der neu bemalte frühere Hochaltar, welcher, als der Cultus, den ihm fehlenden Tabernakel verlangte¹) aus dem Hochchor entfernt und hierher versetzt wurde. Nach dem Urtheile des Professor Lübke gehört dieser den Stammbaum Christi enthaltene Altarschrein zu Schwabens schönsten Schnitzwerken vom Ende des 15ten Jahrhunderts²).

Was die architektonische Verzierung betrifft, so macht sich die gothische Verfallzeit daran kenntlich, und die Vermuthung liegt nahe, daß dieser Altar, als er noch im Chore stand, durch den Fall der Thürme beschädigt und später renovirt worden sei. Als charakteristische Merkmale der Spätgothik findet man eine runde Umrahmung der Hauptgruppen, die „Frauenschuh" genannte Form nebst pflanzenartig sich herabneigenden Fialen in der Umfassung und Krönung des

---

1) Gibertus, Bischof von Verona (1524—43) ist der Schöpfer des Gedankens, den Tabernakel mit dem Altare zu verbinden, der es auch durchführte in der ganzen Diöcese Verona, und da er einen außergewöhnlichen Einfluß ausübte, wie z. B. auf dem Concil zu Trient, so mag seine Autorität die Ursache der jetzigen Praxis betreffs der Tabernakel geworden sein." (Laib und Schwarz, Studien über die Geschichte des christlichen Altars 1857, S. 72.

2) Dr. W. Lübke, Geschichte der Plastik 1863, S. 535.

Schreines. Ich gebe hier die Beschreibung dieses pracht=
vollen Altaraufsatzes nach der Erklärung des Herrn
Kaplan Pfitzer.

Die Predella enthält den schlafenden Jesse, seinen
bärtigen Kopf auf die Hand stützend; seiner Brust
entsproßt ein zweigetheilter Stamm, der übrigens den
andern Schnitzarbeiten gegenüber sehr einfach ist und
einer späteren Reparatur anzugehören scheint. In der
Hauptabtheilung des Schreines sitzen unter einem Bal=
dachin von Ast= und Blattwerk vier schöne Frauenge=
stalten mit gutem Faltenwurfe der Gewänder. Die
erste Frau rechts ist Sarah mit dem Kinde Jesus als
Sohn Abrahams; dann folgt die gekrönte Jungfrau
Maria, welche mit der neben ihr sitzenden ältlichen
Anna das welterlösende Kind auf ihrem Schooße gehen
lehrt; die vierte jugendliche Gestalt mit einem Kinde
ist Bethsaba mit Christus als Davids Sohn. In,
neben und über dem Bogen, welcher diese Hauptfiguren
umgibt, sind Brustbilder, theils gekrönte Könige, theils
mit Mützen bedeckte Propheten, manche derselben aus
Blumenkelchen hervorsprossend, aber Niemand erklärt
mehr diese Büsten, welche ohne Zweifel Christi Vor=
fahren andeuten.

Inmitten der reichen Krönung des Altars ist
Christus am Kreuze, eine vorzügliche Arbeit, und in
der Schlußpyramide sieht man, als Culmination des
Ganzen, Gott Vater nebst dem hl. Geiste in Gestalt

einer Taube; so bildet die Dreieinigkeit den höchsten und würdigen Abschluß dieses Kunstwerkes.

Symmetrisch ist die Sacristei der Taufcapelle gegenüber im südlichen Seitenschiffe errichtet und, wie jene, zwischen den Strebepfeilern neben dem Portale eingebaut. Die Sacristei gehört einer späteren Zeit an als der übrige Kirchenbau und ist wohl, wie die beiden Chorportale, erst nach dem Falle der Thürme in ihrer jetzigen Gestalt erbaut worden. Ihr Eingang, sowie ein aus ihrer Wandung vortretender Treppenthurm, welcher in ihre obere Abtheilung, in die Paramenten-Kammer, führt, ist mit dem üppigen Schmucke der gothischen Verfallzeit decorirt; ebenso hat das große Fenster der Sacristei, welches sich gegen Süden nach Außen öffnet und über beide Gelasse aussteht, ein sehr reiches, aber von allen strengen Regeln des frühgothischen Stiles weit entferntes Maaßwerk. Ueber den Innenraum des unteren Stockes der Sacristei breitet sich ein Netzgewölbe, auf dessen polychromen Schlußsteinen der Reichsadler, die drei Löwen der Hohenstaufen und Christus dargestellt sind; letzterer in origineller Weise; seine Büste hält unter dem Arme eine Geißel, welche einem Besen nicht unähnlich ist. Das zweite Gelaß, die Paramenten-Kammer, deckt ein Tonnengewölbe aus Ziegelsteinen. Dieser eben beschriebenen Sacristei wurden mit der Zeit zwei einstöckige Verlängerungen mit ovalen Fenstern angefügt;

die erste dieser Räumlichkeiten hat ein Kreuzgewölbe, die zweite hingegen nur eine flache Bretterdecke.

Das Sanctuarium ist von acht Säulen einer Fortsetzung derer des Langhauses umschlossen; sein Gewölbe ist 72' hoch, also 4' höher als das des Schiffes; es besteht aus zwei Abtheilungen, einem unteren und einem oberen Chore. Aus dem Mittelschiffe führen vier Stufen zu dem gleich breiten und 28' langen Unterchore hinauf, welcher gegen das Mittelschiff offen, von den tiefer liegenden Seitenschiffen durch eine Reihe von Chorbänken mit durchbrochenen Rücklehnen getrennt ist; diese sowie die Kanzel wurden in den Jahren 1722 und 23 von einem in Gmünd eingewanderten Franzosen, Peter Albrec, verfertigt[1]). Sie sind im Renaissancestile vom Ende des 16ten Jahrhunderts gehalten und durch die Doppelstatuen der Apostel gekrönt, welche letztere halbe Lebensgröße haben und von beiden Seiten, sowohl im Chore als außerhalb betrachtet, genau dasselbe Bild zeigen.

Der Hochchor ist um zwei Stufen erhöht, 32' lang, von dem Unterchore durch eine Balustrade getrennt; von dem Umgange hingegen durch eine Fortsetzung der Chorbänke und mehr östlich durch Balustraden geschieden, welche sich zu beiden Seiten dem Hochaltare anschließen. Dieser, eine Arbeit der Neuzeit, enthält in

---

1) Aus der sogen. Debler'schen Chronik von Gmünd.

der Mitte das von Leuchter-tragenden Engeln flankirte Tabernakel, über welchem ein Cruzifix angebracht ist. Zur Rechten desselben steht unten Aron mit dem grünenden Zweige und zwei Leviten, als Symbol der Priesterweihe; daneben St. Bernhard mit einem Kreuze. Oben sieht man Samuel, den Hirtenknaben, David salbend (die Firmung). Zur Linken des Tabernakels segnet unten Gott Adam's und Eva's Vereinigung (die Ehe); daneben ist Helena mit dem Kreuze. Die obere Gruppe zeigt den barmherzigen Samaritaner, wie er Oel in die Wunde eines Mannes gießt (die Oelung). Die Statuen in der Schlußpyramide sind: in der Mitte Melchisedek, Brod und Wein segnend (das Altarsacrament), rechts Johannes (die Taufe), links David mit der zerbrochenen Harfe (die Buße).

Die Seitenschiffe bilden mit erhöhter Decke einen Umgang um den Chor. Ueber dem Spitzbogen des nördlichen Seitenschiffes und neben dem Triumphbogen steht folgende Umschrift: „Am Charfreitag zu Nacht sind zween Thürn in disem Gotshaus gefallen." Ueber dem entsprechenden Bogen des südlichen Seitenschiffes erwähnt eine Inschrift die Wiederherstellung der Kirche in ihrer früheren Gestalt mit folgenden Worten:

1854 Presbyter successor quisquis fueris
  Rogo te per gloriam Dei et
  Per merita sanctorum suorum
  Nihil demito nihil minuito nec mutato

Restitutam antiquitatem pie servato
Sic te Deus Sanctorum suorum precibus
Semper adjuvet.

Vor der Restauration, im Jahre 1854, war das Innere der Kirche gelb, die Kapitäle im Schiffe grün, die des Chores blau angestrichen; siebenzehn Altäre im Zopfstile verunstalteten den gothischen Bau; der bis zum Niveau der Straße ausgefüllte Boden um den Chor bedeckte die Säulenfüße beinahe gänzlich; vor dem Sanctuarium stand, die freie Aussicht hemmend, der hohe Kreuzaltar, und im Sanctuarium selbst hing eine große Tafel mit dem Bilde der Jungfrau Maria herab; auf den Wänden waren die Stationen gemalt; von allen Bildern, welche stets eine Unzierde dieser Kirche waren, sind nur noch die auf der Innenseite der Thympanen sämmtlicher Eingänge stehenden Epitaphien aus dem 17ten Jahrhundert, welche in Bild und Schrift Dahingeschiedener erwähnen, erhalten.

Oestlich neben dem nördlichen Chorportale ist zwischen den Strebepfeilern die zweistöckige Schatzkammer mit ihren eisernen, wohlverriegelten Pforten eingebaut. Ueber dem Eingange derselben steht auf einem Consale die Rüstung des Bürgermeisters Rauchbain, welcher eine bedeutende Rolle während des schmalkaldischen Krieges gespielt hat. Im November 1546 war das schmalkaldische Heer nach Heidenheim gerückt und forderte Gmünd zur Uebergabe, Einlieferung der

Kirchengüter, Bezahlung einer Kriegscontribution von 20,000 Gulden und Annahme einer protestantischen Garnison auf; diese Forderungen schlug Rauchbain, der damalige Anführer der Städtischen, ab. Alsbald erschien ein auf 40,000 Mann geschätztes feindliches Heer vor Gmünd und bombardirte die Stadt, wobei jedoch nur deren Mauern und Thürme Schaden litten. Endlich ergab sich die Bürgerschaft auf Gnade und Ungnade; die auferlegte Contribution wurde auf 7000 Gulden ermäßigt, aber der durch seine Protestanten=Verfolgung bekannte Bürgermeister Rauchbain, die Geistlichkeit und die Dominicaner mußten sich eine vollständige Plünderung gefallen lassen[1]). Die genannte Rüstung und Erinnerung an einen ihrer tapfern Vor=fahren ist der Stadt Gmünd so werth, daß sie eine bedeutende dafür gebotene Geldsumme vor Kurzem aus=geschlagen haben soll. Herr Professor Essenwein, Direktor des Germanischen Museums zu Nürnberg, hält dieselbe entschieden für nicht älter als aus den Jahren um 1520.

An die Schatzkammer reiht sich der Halbkreis von zehn Kapellen, welche sich in Spitzbogen auf den Um=gang, dessen halbe Höhe sie beiläufig besitzen, öffnen und seit der Restauration der Kirche mit gothischen Schnitzaltären und polychromen Holzstatuen reich aus=

---

1) J. A. Rink a. a. O. S. 59.

gestattet worden sind. In jeder derselben hängt eine gemalte runde Wappentafel nebst beigefügtem Namen an der Wand. Vielleicht waren einst die Wappenschilder der darauf Genannten, die sich um das Gotteshaus verdient gemacht hatten, dort aufgehängt; später wurden sie aber daraus entfernt und in einem Magazine aufbewahrt. Erst nach der letzten Restauration der Kirche erhielten sie ihre jetzige Stelle und stehen daher in keiner Verbindung mit den Kapellen, wie man ohne diese Kenntniß vermuthen könnte. An der nördlichen Seite anfangend, ist

1) die Josephs-Kapelle die erste. Die Figuren des Altarschreins, Maria mit dem Leichname Christi auf dem Schooße, sind alt; neu hingegen das Werk eines Künstlers Namens Pauli (der, in Tyrol gebürtig, lange zu Gmünd lebte und endlich in München starb) sind die oberen Standbilder, die Heiligen Aloysius, Joseph und Sebastian. Es sind hier zwei Grabsteine an der Wand: der eine mit Wappenschildern von sechzehn Ahnen eines Hans von Hausen † 1611; auf dem andern ohne Umschrift ist, in schön gearbeitetem und erhaltenem Relief, das Brustbild eines Priesters, der Räucherpfanne und Weihwedel hält. Oben an der Wand hängt das Wappenschild von Anton Fugger, † 1616 [1]).

---

1) Den 13. April 1616 starb dahier der Hochwohlgeborene Herr Anton von Fugger der ältere Freiherr von Kirchberg-

2) Johannis=Kapelle. Sämmtliche hier befind=
lichen Holzskulpturen sind neu: Johannes, Christum
taufend, von Rieß, und die Gruppe der Predella, die
Seelen im Fegfeuer, von Wörmann in München. Ober=
halb stehen rechts der hl. Ignatius, links die hl. Mag=
dalena und in der Schlußpyramide Gott Vater mit
der Weltkugel. In dieser Kapelle sieht man den Grab=
stein eines Leonhard Fager † 1517 und das Wappen
von Leonhard Haug † 1546 nebst dem von Wolf
Jäger dem Aelteren † 1586.

3) Kapelle der Geburt Christi. Die Standbilder
des Altarschreines sind neuere Arbeiten aus der Werk=
stätte von Rieß. In der Mitte Maria mit Jesus und
Joseph von drei Engeln umgeben: drei andere Engel
schweben oberhalb mit einem Spruchbande, worauf die
Worte: gloria in excelsis. In der Schlußpyramide
erscheint Maria abermals von Engeln umgeben. Die
Thürflügel sind mit alten Gemälden von einem unbe=
kannten Meister geschmückt, welchen Lotz[1]) mit Unrecht
Bartholomäus Zeitblom nennt. Auf dem rechten Flügel
ist innen die Anbetung der Weisen, außen der Besuch
Marias bei Elisabeth; auf dem linken Flügel innen
die Beschneidung, außen die Verkündigung. Der Grab=

Weißenhorn und wurde am 16. gleichen Monats in der Stifts=
kirche bei dem St. Sebastiani=Altar begraben.

M. Grimm a. a. O. S. 346.

[1]) W. Lotz, Kunsttopographie Deutschlands 1863, S. 141.

stein des Bürgermeisters Debler † 1557 und dem Altare gegenüber eine, zur Hälfte in der Wand vertiefte Kugel ziehen hier die Aufmerksamkeit an sich. Unter der Kugel liest man folgende Inschrift: 1546 den sechsundzwanzigsten Tag Novembris in der schmalkaldisch-protestirenden Empörung zuwider Kayser Karolum dem fünften als Johann Friedrich Herzog von Sachsen mit seinem und des Landgrafen von Hessen als Oberhauptleut der schmalkaldischen oder protestirenden Vereinigung mit Kriegsvolk diese Stadt Gmünd überzogen, belagerten, beschossen, eingenommen, ist diese eirine Kugel hierher in diese Kirche geschossen und die Kirch sunst nit beschädigt worden. Gott sey Lob.

4) Kapelle des guten Hirten. Die hier stehenden Statuen aus dem Atelier von Rieß haben geringen Kunstwerth. In der Mitte Christus, das Lamm auf den Schultern tragend, rechts St. Augustin und links St. Theresia. An der Wand hängt das Wappen von Leonhard Hager † 1616.

5) Kapelle zum hl. Grabe — berühmt durch ihr Skulpturwerk von Stein, welches mit der Vollendung des Chores gleichzeitig entstanden sein mag. Christus in natürlicher Größe liegt mit durchbohrten Händen und Füßen auf einem über drei Stufen erhöhten Sarkophage; hinter demselben stehen mit Salbenbüchsen die drei Frauen Maria Magdalena, Maria Jakobi und Salome, zu beiden Seiten derselben ein die Auferstehung

Christi verkündigender Engel. Auf den Stufen vor dem Grabsteine sitzen drei Wächter, von denen zwei in tiefen Schlaf versunken sind. Ueber diese merkwürdige, polychrome Gruppe sagt Professor Lübke[1]): „Als ein ganz vorzügliches Werk ist das Grab Christi zu nennen, eine gediegene Steinarbeit von neun, beinahe lebensgroßen Figuren. Der Leichnam Christi liegt ausgestreckt in der offenen Tumba, die Hände gekreuzt, der Körper vom Bahrtuch in großen Falten umhüllt, die nackten Füße mit naturalistischem Verständniß detaillirt. Der Kopf hat etwas schwere, ausdruckslose Formen, den gleichzeitigen Nürnberger Christus-Gestalten verwandt. Die schlafenden Wächter umgeben in naiv charakteristischen Stellungen hockend das Grab. Die Körper und ihre Bewegungen, durch die Kettenpanzer nicht gehemmt, sind mit Verständniß behandelt, aber mehr leicht andeutend, als fein ausgeführt. Der eine ist in tiefen Schlaf versunken, den Kopf ganz auf die Brust geneigt und gegen die Knie vorgebeugt, wo die zusammengelegten Hände auch ihrerseits einen Ruhepunkt gefunden haben. Der zweite stützt den Ellenbogen auf das Knie und den Kopf in die Hand; der dritte lehnt zwischen Wachen und Schlafen in fein empfundener Bewegung den Kopf an seine Armbrust. Dies Alles ist voll Naturwahrheit, aber mit weiser

---

1) Geschichte der Plastik S 400.

Oekonomie vom Künstler nur skizzirt behandelt worden. Denn die ganze Feinheit der Ausführung, deren er fähig war, sparte er für diejenigen Gestalten auf, in welchen sich die geistige Bedeutung der Scenen spiegeln mußte. Hinter dem Grabe steht die Gruppe der Leidtragenden: die beiden Marien in tiefen Matronenschleiern und die langlockige Magdalena, von zwei Engeln als himmlischen Trauerzeugen begleitet. Hier sind Adel und Schönheit in hohem Grade verbunden. Besonders durch die herrlich fließenden Gewänder empfängt das Ganze eine ergreifende Stimmung. Vorzüglich sind die Engel durch jugendlichen Reiz ausgezeichnet, mit edlem, fast griechischem Profil, etwas vortretendem Kinn, und der eine mit köstlichen Locken."

Bis zur Restauration der Kirche war über diesem Monumente ein Gewölbe von Holz und darauf das Leiden Christi in Schnitzwerken dargestellt. Dieses wurde damals entfernt, und bei Abreibung des Anstrichs der Mauern, wie überhaupt allenthalben im Innenraum, zeigten sich Oelmalereien auf den Steinwänden, welche aber, da sie sehr schadhaft waren, im Sommer 1864 von dem Maler A. Deschler von Augsburg gut restaurirt wurden. Auf der rechten Wand ist die Abnahme vom Kreuze. Der Leichnam Christi liegt auf Marias Schooße, links steht Johannes und rechts kniet Maria Magdalena. Auf der linken Wand ist Jesus zwischen den zwei Schächern am Kreuze, rechts Maria und links

Johannes nebst dem durch die Worte: „Wahrlich, dieser Mensch ist Gottes Sohn gewesen," bekannten Hauptmanne. Vor den Gekreuzigten sitzen drei würfelnde Männer um ein ausgebreitetes Gewand, von denen der eine den andern leidenschaftlich an den Haaren ergreift. Herr Jul. Erhard sandte Copien dieser beiden Bilder an den bewährten Kunstkenner Professor G. F. Waagen in Berlin, welcher erklärte, daß er diese merkwürdigen Bilder einem sehr verdienten, doch wahrscheinlich dem Namen nach unbekannten schwäbischen Maler aus der zweiten Hälfte des fünfzehnten Jahrhunderts zuschreibe, und hob als sich besonders auszeichnend die Komposition der Trauer über den Leichnam Christi hervor. Gemälde-Restaurateur A. Deschler in Augsburg erkannte in den zwei Gemälden dieselbe Ursprungszeit, doch glaubte er in dem Maler derselben einen Zögling der Kölnischen Schule zu finden.

Dem hl. Grabe gegenüber ist die Rückseite des Hochaltars, und an dieser ein von Wörmann in München 1861 gefertigter Schrein angebracht. Die Holzskulpturen, gediegene Arbeiten, haben durch weißen Anstrich das Ansehen von Stein erhalten. Im Schreine sieht man den Garten Gethsemane mit dem betenden Christus und seinen Jüngern; die Köpfe, besonders der des Johannes, sind idealisch schön. Reliefs von derselben Färbung, die Passion darstellend, schmücken die Innenseite der Thürflügel.

6) Antonius=Kapelle, ehemals Rechbergische Ka=
pelle genannt. Von den Heiligenfiguren ist St. Antonius
mit dem Kinde Jesu, von Wörmann verfertigt; alt
hingegen ist Johannes der Evangelist rechts, und Bischof
St. Nicolaus links, sowie oben in der Pyramide die
hl. Barbara. In dem Boden ist ein, durch seinen
Wappen noch erkenntlicher, Rechberg'scher Grabstein
eingefügt und an der Wand hängt das Wappenschild
des Hans von Hausen, † 1622.

7) Kreuz=Kapelle. Eine schöne alte Sculptur=
arbeit ist hier Christus am Kreuze; die beiden neben=
anstehenden Figuren, rechts Maria, links Johannes,
wurden von Pauli verfertigt; von Wörmann hingegen
ist das Hochrelief in der Predella, das hl. Abendmahl;
die Figuren und Gesichter der letzteren sind theilweise
sehr schön, nur ist die Bewegung der ganzen Gruppe
zu stark für den Moment, in welchem Christus den
Kelch und das Brod ergriffen hat mit den Worten:
Nehmet hin und trinket ꝛc. An der dem Altar gegen=
überstehenden Wand ist als Fragment eines großen
Schildes das Wappen von Storr ohne Jahreszahl,
vielleicht des 1785 verstorbenen Bürgermeisters von
Gmünd.

8) St. Anna=Kapelle. Die hier in mehr als
Lebensgröße stehende hl. Anna mit Jesus auf dem linken
Arme und Maria an der Rechten führend, war einst
in der Johanneskirche; das Gesicht der Anna ist nicht

unschön; aber die Physiognomien der beiden Kinder geradezu häßlich zu nennen. Der erst vor Kurzem angekaufte untere Theil des Altaraufsatzes stammt von München oder Reichenau. Er besteht aus drei Abtheilungen; in der mittleren derselben sind Rundfiguren: Maria mit dem Christuskinde, rechts der fellbekleidete Johannes der Täufer und links Johannes der Evangelist mit dem Kelche. In den Seitenabtheilungen sind Gruppen von kleineren Figuren im Hochrelief; rechts oben die Anbetung der Weisen („Wo ist der König der Juden?), links oben Christus vor Pilatus („Bist Du der König der Juden?"), rechts unten Maria sterbend von den Aposteln umgeben, links unten der Leichnam Christi auf Maria's Schooße, umgeben von Veronica, Magdalena, Joseph von Arimathia und Johannes dem Evangelisten. Basreliefs schmücken die Innenseite der Thürflügel; auf dem rechten ist oben die Verkündigung, unten die Geburt Christi, auf dem linken oben der Besuch Maria's bei Elisabeth, unten die Geburt des Johannes; das Kind wird in einem Becken gebadet und Elisabeth von Maria bedient. Auf den Außenseiten der Thürflügel sind alte Gemälde von einem unbekanntem Meister: auf dem rechten Thürflügel oben die hl. Barbara mit Kelch und Hostie, daneben die hl. Katharina mit dem Schwerte, unten die hl. Anna mit Christus und Maria auf den Armen, endlich die hl. Elisabeth, Landgräfin von Thüringen. Außen auf dem linken Thürflügel sind in oberer Reihe der hl. Sebastian mit einem Pfeile in der Hand, und der hl. Georg einen Drachen tödtend; unterhalb sind die hl. Margaretha, das Kreuz in den Rachen des Drachen stoßend, und eine sehr matronenhaft gemalte Maria Magdalena mit der Salbenbüchse. Oben in der Schluß=pyramide steht die hl. Ursula, eine der 11,000 Jung=frauen, mit einem Pfeile in der Hand. An der Wand sieht man hier die Embleme von Veyt Spett von Thumw, † 1541, und von Niklas Gailberg, † 1541.

9) Sebaldus=Kapelle. Der hier stehende Altar=schrein ist von Kirchenmeister Sebaldus Schreyer ge=stiftet¹), die Sculpturarbeit von Veit Stoß, † 1533²), und die Gemälde (welche früher dem Martin Schaffner, † 1524 in Ulm, wo ebenfalls Gemälde im Münster zu seinen Schöpfungen gehören, zugeschrieben wurden), sind, nach dem Urtheile des Herrn Professor Essenwein, von Schäufelein, einem Schüler Albrecht Dürers, dem=selben, der den Altar in Schwabach und Meßkirch ge=

---

1) Ein Fragment der Urkunde auf Pergament, welche damals ausgestellt wurde, befindet sich in der werthvollen Sammlung des Herrn Jul. Erhard in Gmünd. Auf einer Seite ist ein Miniaturbild: Sebaldus und seine Gattin knieen in einer Kapelle vor dem Altare, auf welchem ein gothischer Schrein mit der Statue des hl. Sebaldus steht; auf der Rückseite des Blattes ist in lateinischer Schrift ein Bruchstück aus dem Leben des Heiligen.

2) Heideloff, Ornamentik des Mittelalters Heft 13.

malt und von dem mehrere Gemälde im Germanischen Museum zu Nürnberg aufgestellt sind. In der Mitte des Schreines steht die 6' hohe Statue des hl. Sebaldus, eine ehrwürdige Gestalt mit langem Barte, großartiger Bewegung und den gewöhnlichen Attributen dieses Heiligen: Pilgerhut und Stab, in der Linken das Modell der Sebalduskirche in Nürnberg. Die Donatoren mit ihren Wappen knieen neben ihm, wie gewöhnlich, in kleiner Figur; rechts Schreyer und links seine Gattin. Neben dem Haupte des Heiligen schweben zwei hübsche Engel mit Wappenschildern, deren eines die drei Löwen von Dänemark, das andere die französischen Lilien enthält. Bilder der vierzehn Nothhelfer schmücken die Predella, und in der Schlußpyramide sitzt die schöne Gestalt der hl. Apollonia zwischen zwei kräftig gebildeten Henkern. Einer derselben beugt ihren Kopf zurück, der andere ist im Begriffe, ihr die Zähne mit Meisel und Hammer auszuschlagen. Die Gemälde der Thürflügel stellen Scenen aus dem Leben des dänischen Prinzen Sebaldus[1]) dar. Auf der Außenseite des rechten Flügels sieht man oben seine durch einen Bischof vollzogene Vermählung mit der Tochter des

---

1) Ein erst seit 1072 ohne Anspruch auf höheres Alter erscheinender Nürnberger Localheiliger. Die Kanonisation desselben, der Patron von Nürnberg ist, erfolgte 1424; sein Fest fällt auf den 19. August. (H. Otte, Handbuch der Kunst-Archäologie 1868, S. 947.)

Königs Dagobert III., welche während seiner Studienzeit zu Paris stattfand. Auf dem oberen Theile der Außenseite des linken Flügels verabschiedet er sich am nächsten Morgen von seiner Angetrauten, ohne die Ehe vollzogen zu haben, da ihm in der Nacht ein Engel erschienen ist, der die Sehnsucht nach einem beschaulichen Leben in ihm erweckt hat, worauf er nach Rom pilgerte. Diese beiden Momente sind im Hintergrunde gemalt. Rechts außen und unten sind drei Scenen seiner Reise; einmal fährt er den Rhein herab, dann begehrt er Einlaß in einen heidnischen Tempel, was ihm verweigert wird, und endlich steht er auf einer Altane einem roth gekleideten heidnischen Priester gegenüber, eine Predigt haltend. Links außen und unten übernachtet Sebaldus mit den Hhl. Wilibald und Wunibald, mit denen er auf seiner Pilgerfahrt bei einem armen Wagner zusammen gekommen ist, bei welcher Gelegenheit er dort Eiszapfen in Brennholz verwandelte; in einer zweiten Darstellung heilt er den Wagner, welcher blind geworden ist, weil er einem Verbote entgegen Fische eingekauft hatte.

Auf der Innenseite der Thürflügel heilt Sebaldus links oben zwei Besessene; im Hintergrunde ist die Legende von dem Landmanne dargestellt, welcher dem als Eremit lebenden Heiligen klagte, daß er seine Ochsen verloren habe und bei der Dunkelheit nicht finden könne. Sebaldus sprach: „Richte Deine Hände gen

Himmel zum Herrn und suche!" Als der Landmann dieses that, gab jeder Finger einen leichten Fackelschein und er fand seine Ochsen. Rechts unten ist Sebaldus im Kampfe mit den Heiden. Rechts oben sieht man eine Bahre auf einem mit zwei Ochsen bespannten Wagen. Sebaldus hatte nämlich verordnet, daß nach dem Tode sein Leichnam auf einen mit zwei wilden Ochsen bespannten Wagen gelegt und die Thiere sich selbst überlassen werden sollten; da, wo sie stehen blieben, wünschte er begraben zu werden. Die Ochsen hielten, wo jetzt die Sebalduskirche in Nürnberg sich erhebt. Im Vordergrunde dieses Bildes ist sein Tod durch einen Altar mit einem Schreine angedeutet, an welchem Votivgeschenke hängen und vor dem einige Andächtige beten. Links unten wiederholt sich der auf einem Altar stehende, mit Votivgeschenken behängte Schrein mit dem Körper des Heiligen. Davor knieen Gläubige. Einer derselben überbringt einen Fuß, der zu den übrigen Zeugnissen wunderbarer Heilung gehängt werden soll. Diese beiden Darstellungen des Altars sind von kirchlich-historischem Interesse[1]), indem sie zeigen, daß schon am Anfange des 16ten Jahrhunderts die Ausstellung der Reliquien auf den Altären gebräuchlich war. Während früher die Heiligen-

---

1) Laib und Schwarz, Studien über die Geschichte des christlichen Altars, Stuttgart 1857.

schreine ihren von der mensa abgesonderten Unterbau hatten, steht hier der Sarg schon auf dem Altartische selbst.

An der Wand dieser Kapelle, dem Altare gegenüber, sind auf Consolen die von Herrn J. Erhard gestifteten Büsten von zwei Gliedern der Familie Arler. Die eine derselben gilt für die Büste des Erbauers der hl. Kreuzkirche, Heinrich Arler, oder, wie ihn die Italiener in seiner Beihilfe zur Erbauung des Mailänder Domes und der Certosa zu Pavia hießen: Enrico di Gamodia. Die Originalbüste derselben ist auch in der Certosa aufbewahrt. Herr Erhard ließ sie dort abgießen und besitzt ein Certificat des Priors obigen Klosters, daß der Abguß nach der Büste des Enrico di Gamodia gemacht sei. Die zweite Büste des Baumeisters Peter Arler, Sohnes oder Bruders von Heinrich Arler, dessen Original in der Veitskirche in Prag sich befindet, erhielt Herr Erhard durch Tausch mit dem Germanischen Museum in Nürnberg. Zwischen diesen Arler'schen Büsten ist ein Ablaßbrief mit folgenden Worten: Alle die ihr Hilf und Steuer reichend zu disem würdigen Gotshaus, die erlangen von vill Cardinalen Legaten Erzbischoffen in einer Summe Ablaß 3320 Tag Anno 1531 Anno 1612 renov. 1713 renovirt. Auf diesem Ablaßbriefe stellt ein Gemälde den Wiederaufbau des Theiles der Kirche dar, welcher durch den Fall der Thürme zerstört wurde. Man sieht

Bauleute hauptsächlich dort beschäftigt, wo die Tauf=Kapelle sich jetzt befindet.

10) Marien=Kapelle. Die hier aufgestellte Kreuz=abnahme ist ein Erzeugniß alter Kunst, worüber Pro=fessor Lübke[1]) sich folgendermaßen äußert: „Johannes hält den Leichnam Christi, welchen Maria umfaßt, während Maria Magdalena das Bein unterstützt und höchst zart die herabsinkende Hand des Herrn zu er=greifen sucht. Ein eigenthümlicher Adel der Empfin=dung bewahrt diese Darstellung bei aller Tiefe des Ausdruckes vor unschöner Uebertreibung. Die Köpfe und Hände sind vorzüglich durchgeführt. Christus voll Würde, nur die Gewänder zeigen einen minder reinen Stil." Die oberen Figuren: Maria, zur Rechten der hl. Cäcilia mit der Orgel, zur Linken die hl. Agnes mit dem Lamme, sind von Bildhauer Pauli verfertigt. In dieser Kapelle ist der Eingang des Treppenthurmes, welcher mittelst 52 Stufen auf die Gallerie des Ka=pellenkranzes führt; dort erst zeigt sich der Thurm von außen, und über 48 weiteren Stufen gelangt man in demselben zu der oberen Gallerie der Kirche.

Ehe wir nun den Chor der Kirche verlassen, bleibt die nähere Betrachtung seiner Fenster übrig. Diese sind[2]) in den letzten zwölf Jahren mit Glasfenstern

---

1) Dr. W. Lübke, Gesch. der Plastik S. 534.
2) Nach gefälligen Mittheilungen des Herrn J. Erhard.

geschmückt, welche theils biblische Scenen theils Teppich=
muster darstellen. Diese Fenster bestehen aus zwei
Reihen: die unteren sechstheiligen Fenster, welche den
Kapellenkranz erhellen, sind außer dem mittelsten sämmt=
lich von Glasmaler Hecht in Ravensburg gemalt; das
mittlere der unteren Reihe und die oberen viertheiligen
und höheren Fenster wurden in der Mittermaier'schen
Glasanstalt Lauingen a. b. Donau unter Leitung des
verstorbenen Mittermaier und nach Cartons von Pro=
fessor Eberlein in Nürnberg gemalt; nur das eben
erwähnte untere Mittelfenster ist nach einem Entwurf
von Professor Andreä in Dresden ausgeführt. Zum
Beschlusse der Beschreibung der hl. Kreuz=Kirche möge
noch das Urtheil des Dr. Merz[1] über dieselbe folgen:

„Arler war es wohl, welcher durch den stattlichen
Gmündner Bau den Schwäbischen Kirchenbauten, na=
mentlich der auch von Waagen gewürdigten Nördlinger,
Dinkelsbühler, sowie der Schwäbisch=Haller Kirche das
Vorbild gleich hoher Schiffe und um den Chor sich
fortsetzender, also einen Umgang darin bildender Säulen
gegeben hat. Sein Gmündner Kapellenkranz, so gut
wie der seines Sohnes zu Prag, gehört gleich dem
Cölner der französischen Art an, welche dem Arler'schen

---

1) Kunstblatt, Beiblatt zu Menzels Literaturblatt 1845,
Nr. 84, Uebersicht über die hauptsächlichsten alten Denkmäler
christlicher Architectur und Sculptur in Schwaben von Dr.
H. Merz, Artikel II.

Genius überhaupt entsprochen zu haben scheint, indem dieser in beiden Bauten das Große, Schwungvolle, Luftige, aber Abstracte und Nüchterne des französischen Wesens wiedergibt. Die Fortsetzung der Säulenreihe in den Chor hinein ist auch nicht principgemäß, wie St. Godehard in Hildesheim beweist, romanischer Gedanke. Chor und Schiff wird dadurch nicht gehörig auseinander gehalten; in ersterem fehlt der organische und beruhigte Schluß, denn die Säulen endigen nicht, sondern gehen unstät und doch unlebendig mit dem Auge um. Aber doch ist's eine prächtige Kirche."

Die Schatzkammer der Kirche ist nicht zu übersehen. Sie hat zwar einen großen Theil ihrer Kostbarkeiten eingebüßt, als sie 1796 zu den Kriegscontributionen, welche die Franzosen der Stadt auferlegt hatten, beisteuern mußte, (die verlangte Summe betrug 84,000 Gulden, und ein großer Theil derselben traf das Gotteshaus, welches damals 10 Centner an edlen Metallen besaß); dennoch ist die Kirche noch reich an kostbaren Gegenständen, wovon ich nur die hauptsächlichsten erwähne:

Eine große gothische Monstranz von reinem Silber, deren Alter auf 300 Jahre geschätzt wird; eine zweite, nicht minder werthvolle aus der Renaissance-Periode, und eine dritte im Zopfstile.

Ein gothisches Kreuz von Silber, dessen Entstehungszeit Professor Essenwein um das Jahr 1420 setzt. Das Bild des Gekreuzigten ist daran befestigt; aber zugleich ist die reiche Ornamentation, die Evangelistenzeichen an den vier Enden beibehalten; daneben stehen Statuetten, Maria und Johanna, ebenfalls von Silber. Ein kupferner Calvarienberg, mit dem Schädel und den Knochen Adams, welcher als Träger dient, ist aus späterer Zeit.

Ein silberner Becher, der zu einem Kelche geweiht und der Priesterschaft, sowie dem Gemeinderathe während der Abendmahlfeier bestimmt wurde, ist ein Geschenk Karls V. an den Bürgermeister Rauchbain zur Belohnung seiner standhaften Vertheidigung des katholischen Glaubens. Von letzterem wurde er der Kirche vermacht. Im Innern des Deckels sind folgende Worte eingegraben: Carolus V. me dono dedit, und um den Fuß in doppelter Reihe: Calicem hunc a pio Carolo V. Ro. imp. in festo Epiphaniæ anno 1552 Ceniponti (Innsbruck) oblatum et senatui gamundiensi, constantiæ obedientiæ et perpetuæ memoriæ gra. (gratia) donatum honestissimus vir Joannes Rauchbain, consul inpetravit.

Eine lebensgroße silberne Madonna auf der Weltkugel stehend, für welche die Stadt während der Kriegsnöthen 1801 die Summe von 1000 Gulden bot, worauf jedoch nicht eingegangen wurde.[1]

---

1) M. Grimm a. a. O. S. 239.

Zwei silber-vergoldete Kannen auf emaillirtem Teller, schöne Augsburg'sche Ciselir-Arbeit, etwa von dem Jahre 1600.

Aus derselben Zeit ein silbernes Räuchergefäß, von dem Kloster Gotteszell herstammend.

Ein Reliquien-Kästchen im gothischen Stile.

Ein silbernes Sacramentalgefäß aus unbekannter Zeit mit der Umschrift: Zu Lob dies Sacramental Gefäß durch Jörg Junker und Margaretha Sieberin Eheleuten in dies Gotteshaus verordnet. U. s. w. —

Ueber dem Schiffe der Kirche erhebt sich nahe bei dem Chore ein leider nicht zum Stile des Gotteshauses passender Dachreiter mit zwei nicht sehr großen Glocken. Diese Höhe ist aber ein Lieblingsaufenthalt von Elstern und Raben, welche die Glockeninschriften gerade zu unleserlich gemacht haben.

Doch die Hauptglocken befinden sich dem Gotteshause gegenüber, wo jenseits des nördlichen Kirchenplatzes ein Thurm, nicht höher als ein zweistöckiges Haus, mit 5' starken Mauern zwischen den Wohngebäuden steht. In dem hohen, spitzen, mit gelb und grün glasirten Ziegeln belegten Dache dieses Thurmes ist die Glockenstube mit 4 Glocken. Die größte, welche nur bei hohen Festen geläutet wird, heißt Hosanna, sie hat in gothischen Minuskeln die Umschrift: lucas marcus, mathæus, joannes anno domini 1456. Die zweite, die sogenannte Predigerglocke, enthält in lateinischer Schrift die Namen der vier Evangelisten, doch keine Jahreszahl. Auf der „die große" genannten, 75 Centner wiegenden Glocke ist in gothischen Minuskeln zu lesen: Zu unser Frawen err hans eger von rut= lingen 1595 gos mich lukas, markus, matheus, joannes. Die kleinste Glocke hat in gothischen, von [der Mitte des 13. bis zur Mitte des 14. Jahrhunderts gebräuch= lichen Majuskeln die Umschrift: Ave Maria grac. plena Dominus tecum. Diese mag die Glocke sein, von welcher der Rathschreiber Rau in seinem Berichte aus dem Jahre 1515 erzählt, daß sie bei dem Falle der Thürme unversehrt mit herabgekommen sei.